JACKY MARRON-CHARRIERE
03.87

patrie cultu
tion, déluge
demain, sera
Arrau a c
surprenante
jouant à P
Brahms la r
deux écrasa
moindres d
comme Nie
péen ». Nul
verves, de l
d'affirmer e
ramasser *(e*
droit, cessa
maîtrise ra
ainsi invest
c'est une de
On ne r
combattant
ascension a
dans l'Hist
l'utilité de l
destinée d'u
tous : avec
laires.
Or c'est
vision neu
percevons l'
conflits dén
dences cosn
vant passag
métamorph
Quelque Sis
Or celui-
prète *seulen*

L'envers d'une
nous le montrent
connaissons. Ou n
Le Docteur Faustu
le laboratoire imp
Berlioz et un Wag
pour nous faire l'
souffrances presq
essence, romantiq
classique.
Les entretiens
pourraient ne nou
d'artiste simpleme
porte avec soi. Elle
interprète *l'Histoi*
(ou modèle) en d
expression *(leibn*
Arrau serait déjà
différent. Les décis
En ce témoin, en
quement, un style
prophètes, il reste
pour cet exercice
notés sur aucune

ARRAU PARLE

Conversations avec Joseph Horowitz

*dû regarder, quel modèle, pour pouvoir sortir de soi l'*Appassionata ? *Il n'y a pas de réponse (et qu'on n'invoque pas, comme les initiés de second rang, quelque Démiurge). Arrau a regardé Beethoven. Sa souffrance, son défi, modelés sur le plus surhumain des visages humains, sont à la fois surhumains et humains. Avant Arrau nous n'avions pas été invités à nous demander quelle distance le pianiste doit franchir (mais sans perdre* aucun *de ses moyens physiques, sans rien perdre du corps qui fait masse, sans se permettre donc la moindre sublimation) pour s'égaler à l'*Appassionata, *pour la maîtriser (seule façon de la* servir, *en tous les sens du terme), pour pouvoir paraître la créer lui-même au moment où il la joue (ce sans quoi il ne s'égalerait en rien à celui qui en a, image odysséenne et vraie,* tendu l'arc, *mais en idée seulement, pour le prétendant à venir). On nous a beaucoup montré le créateur dans la transe, ce que Perse appelle « l'accointement du dieu », le créateur se transportant à la hauteur du dieu qui le visite. Si mal qu'on voie une muse visitant Bach ou Beethoven, le cliché reste bon.*

Arrau nous fait voir tout autre chose. Il nous fait voir Arrau visitant Bach et Beethoven. Aucune descente du dieu, ici, pour mouvoir des balances, make up *des déséquilibres, pour expliquer le surplus* énergumène, *l'énergie comme un bouillonnement, au sens propre, ou l'enthousiasme, au sens propre aussi, le corps fait feu et le feu fait dieu. Les forces d'un homme s'exaltent les yeux ouverts, voici son corps tout entier moyens et plus en rien obstacle, sa mémoire concentre et focalise des millions d'informations que les doigts semblent lire, par un miracle d'unanimité organique. Un homme est fait un, souverainement, avec toutes ses ressources mentales, avec le poids de son corps tétanisé, à la fois écumant et calme, rassemblé jusqu'à n'être plus que ses dix doigts, et rien de plus. Alors se construit dans le son, architecture évasive et doublement rebelle, cette* Appassionata *que Beethoven n'a construite qu'en esquisse, sur un papier sans relief et sans résistance. Un homme s'est rendu capable de l'*Appassionata, *comme on dit* *chez Pascal qu'il est « capable de Dieu ». Dieu y tient. Ici, l'*Appassionata *à la fois y tient, et en sort ! Qu'elle tienne en lui et vive de lui, dans l'instant même, la demi-heure, où en public elle tendra, de par le seul souffle du pianiste, matière impalpable mais irrésistible, cet arc terrible de continuité et d'attention intense qu'elle imposera au public, soumis, complice,* conspirant *(bientôt à bout de souffle, lui).*

Des signes sur le papier, notés. Ils résument l'effort de Beethoven. Un clavier, c'est-à-dire des clés, et des marteaux, et un mécanisme, ouverts. Soit à exprimer l'un dans les termes de l'autre. Singulière harmonie, préétablie par Beethoven. Elle ne se résoudra, ne s'exprimera (comme toute harmonie) qu'en termes de tension extrême. Oublions l'image habituelle et factice, l'interprète porte-voix, *comme si Beethoven (ou Sophocle) parlait ou rugissait à travers sa simple docilité poreuse, sa* persona, *résonateur anonyme. Ah non. On croyait Beethoven sourd ? Il est muet. Comme tout créateur, en musique. La voix, c'est Arrau. Beethoven, ce n'est que le texte, et ce texte n'est* même pas *son, par lui-même : et encore bien moins musique, ou chant ! Obliger le public à l'attention. Et obliger le texte au son. N'en doutons point. Cet homme à petits pas qui avance vers son piano, chargé de Beethoven, aura dû d'abord jouer contre lui-même.*

Arrau a eu à vaincre dans sa carrière, d'abord bénie par des facilités d'enfant prodige, des obstacles presque trop ostensibles : la disparition du père ; la transplantation aux antipodes, couvé dans le matriarcat noir ; la fixation bénie sur un père de rechange, pédagogue bien-aimé, lui aussi presque aussitôt disparu ; d'ailleurs l'effondrement d'un monde. Il y a si peu à s'étonner que son individualité en ait été mortellement atteinte que le recours à la psychanalyse nous semble, aujourd'hui, de routine. Elle était, alors, un défi, pour ne pas dire une transgression. D'ailleurs, derrière le cas individuel presque trop beau qu'elle traite, la psychanalyse oublierait de nous montrer ce sur quoi ces entretiens mettent la lumière pour la première fois : le rapport douloureux et créateur de l'interprète à sa propre énergie, la magnification par l'admiration, la redistribution des pulsions expressives — toute une mécanique de l'ingénuité douloureuse, qui est aussi une morale. Arrau a été l'homme de ce consentement tragique. On démarque à peine Nietzsche en disant que Nietzsche l'eût rebaptisé Dionysos.

Comment faire pour n'être pas écrasé par ce qu'on admire ? Comment faire pour n'être pas tué par ce dont on vit, et qu'il faut aussi *faire vivre ? Il faut comprendre enfin les contradictions tuantes de l'état d'interprète, mission plutôt. Comprendre aussi qu'il s'agit ici d'un problème pratiquement inédit. Que le virtuose se doive à son public, c'est ce qu'il a de commun avec l'athlète au stade. Mais, à l'âge des virtuoses, inauguré sans doute par Paganini, ils ne devaient rien à l'auteur. Improviser était la prouesse suprême et l'improvisation n'a cure ni d'une œuvre, ni d'une éternité. Quelle ascèse, quel contrôle il faut exercer pour être prêt, et se produire, on l'imagine. Mais enfin Paganini (et même Mozart et Beethoven, d'abord connus du public, et fameux, comme improvisateurs) ne se devait qu'à son public d'un soir. Arrau se doit à Beethoven.*

Élève de Martin Krause qui fut l'élève de Liszt, qui fut (si on ne voit en lui que le virtuose) le Paganini du piano, Arrau pouvait se contenter d'être le Paganini de Liszt. Ce sont assez brûlantes prouesses. Pour s'y égaler l'interprète (exécutant) peut faire pacte avec le diable. Tout enfant, Krause n'y disposait pas Arrau : il le vaccinait contre, plutôt, en lui faisant maîtriser les diaboliques Variations Paganini *de Brahms, qui disent bien leur nom. C'était le mettre, d'enfance, au-delà de ces diabolismes-là, et de ces saintetés aussi. Non. Liszt, souvenons-nous, est aussi celui qui le premier consacra des récitals à un créateur, où les brios de virtuosité (qu'il fallait évidemment tenir pour acquis) s'éclipsaient derrière la composition d'un programme. Dans l'esprit de Liszt, le héros de la soirée, ce n'était pas l'exécutant (s'appelât-il Liszt) : c'était le grand oublié, le grand muet — Beethoven. Arrau a hérité cette mystique, qui est d'abord une morale. Il l'a fait à une époque* où les vieux lions du piano romantique et exhibitionniste se survivaient tout à fait ; où un Rachmaninov, lui-même plus fêté comme virtuose que comme compositeur, pouvait ignorer que Schubert a écrit des sonates. L'adolescent venu du bout du monde s'est constitué l'héritier et le champion de ce testament — le piano classique. D'autres, comme son aîné et devancier Schnabel, ont été aussi littéralistes et sans compromissions qu'Arrau le sera, mais au profit seulement des textes qui, moralement, lui semblaient le mériter, jouant tout Beethoven, mais Chopin presque pas, et Liszt ou Debussy pas du tout. Fischer a eu ce même feu d'essence dionysiaque, ce bouillonnement lyrique qui exalte l'interprète à la hauteur de celui à qui il va prêter sa voix, et il est l'aîné proche, et le modèle le plus avoué d'Arrau : mais sans jamais se mettre (dans les textes qui demandent qu'on prenne feu) à la distance goethéenne, apollinienne où Arrau a su se tenir en même temps. Le seul Arrau, sans racines ethniques musicales, a pu revendiquer pour patrie Berlin, pour héritage Beethoven et Liszt. L'allemand et l'européen — l'allemand comme miroir et résumé (leibniziennement parlant, expression) de l'européen. Berlin était alors le confluent conciliateur de la musique mondiale, sous l'influence paradoxalement unificatrice de ce Busoni qui, comme le Tonio Kröger de Thomas Mann (et Arrau lui-même, évidemment. Mais Arrau est un héros de Thomas Mann), implique en lui si étrangement, douloureusement, fécondement, moralement, latinité et germanité, le Nord et le Midi, l'ancien et le nouveau. Les racines et la patrie d'Arrau, ce sera la musique d'Europe, toute la musique. Il a joué tout Bach, tout Mozart, tout Beethoven, tout Schumann, tout Chopin, tout Liszt, tout Brahms, tout Debussy. Mais vraiment et systématiquement tout : et c'est cela qu'il se devait à lui-même d'imposer au public, si prompt à se régaler plutôt (voir Rachmaninov et ce qu'il savait de Schubert) de piécettes : les Impromptus, la menue monnaie. Il ne l'a pas fait du tout en caméléon, qui s'adapte servilement ou académiquement au style (supposé) de chacun : mais en maître du jeu *(concept cette fois digne de Hesse, du Hesse du* Jeu des perles de verre. *Mais Arrau est aussi un héros de Hesse. Arrau est un roman d'apprentissage à lui tout seul), maître qui domine du regard, et dont les doigts ne font qu'exprimer (mais leibniziennement : et par quelle harmonie* à établir *entre une lecture et une véhémence) la prise du regard, regard comme une tenue — une tension déjà, une rétention que le jeu libère par les doigts ; maître du tout, trouvant l'univers dans la multiplication systématique du divers, parce qu'il lui impose l'intégrité d'individu qu'il s'est conquise à lui-même au prix de mille combats, qui sont toute une vie. Inversion fantastique de la fonction de l'interprète, que nous vérifions mieux à présent que le disque nous invite à suivre un cheminement. Rigueur tranquille chez l'athlète qui va, et poursuivra. « Interpréter ? », dit fantastiquement Arrau : « C'est aller jusqu'au bout. » Qu'on n'imagine plus un Beethoven* l'inspirant, *lui insufflant un supplément d'âme ou de voix. Tout au contraire. C'est l'interprète qui fournit la matière et le sang, et le feu, et le son, lui-même matière (et en fusion, dans la fournaise qu'on sait) pour cette forme qu'est déjà pour lui (en idée) et que sera tout à l'heure* en acte, *pour le public, la* Dante *de Liszt ou l'*Appassionata. *Il les nourrit de sa tension. Sans s'y épuiser pourtant. Arrau le dit, jouer recharge. Faire vivre Beethoven (et le public qui va l'écouter vivre) c'est aussi, pour l'interprète, sur-vivre, s'exalter dans le vif du vivre. Mais aussi : ce qui ne tue pas rend plus fort. Si Nietzsche était un roman d'apprentissage, c'est Arrau qui l'écrirait.*

*On verra dans ces entretiens le foisonnement magique et périlleux du paysage culturel de Berlin ; la grandeur foudroyée et debout de Furtwängler, panique et sainte, révélée sur fond (obligé) de crise historique, de transmutation des valeurs ; la fantastique mutation du piano moderne, révélé par le disque (et les comparaisons, et les mémoires qu'il permet) à ceux qui ne joueraient pas l'*Appassionata *eux-mêmes, et peuvent enfin préférer Beethoven à celui qui le leur expose ; le regard de l'homme sur sa propre vigueur, et sur sa* main *(une patte, chez*

Arrau, une pogne, mais souple, « main de l'artiste, servante et égale de son génie », comme disait Valéry, main qui résume, et transcrit, et suffit) ; sa tolérance à l'égard de ses démons, faiblesses qui seront demain sa force. Tout ici est un extraordinaire document sur l'élément humain qui se nourrit de l'élément démonique — sur la façon dont un homme se sauve. Il n'y a qu'une guérison, c'est l'aguerrissement. Qui trouve cela s'est mis, souverainement, au-delà, jenseits, *de la vieille querelle de la santé et de la maladie et, bien entendu, de la guerre et de la paix. La paix est de se faire la guerre.* Jenseits... *Ce n'est pas seulement une spectaculaire inversion du statut de l'interprète que nous dévoile Arrau. C'est aussi quelque chose comme le secret d'une sérénité armée, qui luit surtout au soir. Encore en juin, on a vu ce petit homme, ce grand homme de quatre-vingt-trois ans s'avancer prudemment, avec une pesanteur souple, jusqu'à son clavier, s'asseoir, puis, semblant presque au-delà de ce que peut le geste, de ce que permet l'effort, dompter sans une goutte de sueur, sans un rictus, les monuments bondissants, impatients, des* Adieux *et de l'*Appassionata *et de la sonate de Liszt ne faire plus rien qu'une architecture murmurante. C'est sa patience, ce soin de soi, cet aguerrissement guérisseur qu'un Sage véhément et vibrant nous faisait toucher du doigt. Expérience de transmutation humaine du plus haut ordre, dont le service de la musique n'est plus que la cause occasionnelle. Et sans immolation ni feu visible. Et sans quitter le sol. La main faite pogne, et l'âme faite corps. Et l'idée ici même, en acte, exigée (ah, l'Exacteur !), exacte. Et la forme faite matière.*

Mais n'est-ce pas... créer ?

André Tubeuf.

Peu de temps après notre première rencontre, en 1976, j'eus l'occasion de voir Arrau répéter le troisième concerto de Beethoven à l'Avery Fisher Hall à New York. À son clavier, strict et grave dans son trois-pièces gris, un petit homme vif mettait en jeu son âme même. Derrière ce drame vécu, les hommes du New York Philharmonic ne faisaient qu'une toile de fond, tristement quotidienne. Quand ce fut fini, on put entendre dans la loge d'Arrau quelques remarques sur la désinvolture des musiciens. « Ils seront meilleurs au concert, dit Arrau. En répétitions, ils ne sont jamais qu'à demi concernés. » Quelqu'un hasarda : « Arrive-t-il à Claudio Arrau d'être à demi concerné ? — Je ne pourrais pas ! » L'indignation était montée à ses yeux, l'émotion envahissait son visage.

Combien de fois, au cours de ces entretiens, la même image s'est imposée : l'artiste en proie à ses émotions. Dans le simple geste de vous tendre la main, Arrau mettra une intégrité dévorante. La cordialité de simple façade, la rudesse lui sont également impossibles. En dépit de son éminence, en dépit aussi de l'affleurement perceptible d'énergies viscérales, l'homme reste merveilleusement aimable, gracieux.

Ni son anglais, qui porte des traces d'espagnol et d'allemand, ni sa physionomie mobile ne permettraient de déceler ses origines. Le chemin qu'Arrau a fait en ce monde n'est pas celui d'un chacun. Chillán, où il est né en 1903, est une petite ville à des heures de route de Santiago du Chili. Il n'a jamais connu son père. Sa mère l'a eu à quarante-trois ans, après vingt et un ans de mariage. Elle enseignait le piano. Il semble bien qu'il ait su ses notes avant même ses lettres. À huit ans il s'est expatrié, muni d'une bourse du gouvernement chilien, pour étudier à l'étranger. Il s'établit à Berlin, avec sa mère, sa sœur et son frère, et il y est devenu l'élève préféré de Martin Krause, pédagogue impérieux qui avait été le propre élève de Liszt. Sa célébrité d'enfant s'étendit : il jouait pour les souverains, ou sous la direction d'un Nikisch, d'un Fritz Steinbach. Mais Krause mourut en 1918, et ce beau développement se bloqua. Laissé à lui-même dans le Berlin de l'après-guerre, il lui manquait l'entregent qui fait les carrières, et il ne pouvait même pas subvenir à ses besoins et à ceux de sa famille. D'une tournée tronquée en Amérique, en 1923-1924 il rentra sans le sou. Au moment de tout abandonner, il chercha un recours dans la psychanalyse. Peu à peu sa réputation se rétablit. On le reconnaissait comme un adulte. En 1935-1936, il joua en concert l'intégrale de l'œuvre pour clavier de Jean-Sébastien Bach — prouesse de mémoire et d'endurance qui fit du bruit. En 1937, il épousa Ruth Schneider, une mezzo-soprano de Francfort, et quitta l'appartement où il avait toujours vécu avec sa mère et sa sœur. La Seconde Guerre mondiale conduisit les Arrau aux États-Unis en 1940-1941.

Depuis longtemps, ce cheminement ardu est une légende, de même que l'ampleur des programmes, et l'universalité du répertoire. Arrau donne toujours plus de soixante-dix concerts par saison. Il vit à Douglaston, à une demi-heure de voiture de Manhattan, quand il n'est pas en voyage : il lui reste encore moins de temps pour sa maison d'été dans le sud du Vermont. Très peu de monde autour de lui. Les

Arrau ont trois enfants, Carmen, Mario et Christopher. Friede Rothe est son manager depuis 1941 : elle veille sur sa porte, le conseille dans sa carrière, et mène les applaudissements. Elle s'inquiète de sa santé, s'émerveille de son intensité, dévore ses critiques. Si elle assiste au concert, elle filtre l'accès à sa loge. Quand Arrau est aux États-Unis, elle lui téléphone tous les jours, et au moins une fois par semaine s'il est au bout du monde. Il est rarissime qu'Arrau lui-même décroche son téléphone.

Deux caractères dominants dans son identité : l'homme enfant, et l'artiste. Le premier est enraciné dans des années d'enfance prodige, d'où revient l'image du pianiste en culottes courtes, dont les pieds atteignent à peine les pédales. Au Chili, à l'ombre de sa mère, il jouait pour le président. En Europe, sous la tutelle de Krause, reines et duchesses l'asseyaient sur leurs genoux. Les photographies d'autrefois montrent l'enfant timide et taciturne, avec des traits remarquablement doux, et des yeux qui ont vu la vie.

Krause l'autocrate, avec son bouc et sa moustache en croc, pourrait avoir été un de ces maîtres de musique à la Svengali que décrit Hoffmann. Mais la plupart des figures tutélaires d'Arrau enfant ont été des figures de femmes, à commencer par sa mère, toujours en noir des dizaines d'années après son veuvage, et qui vécut jusqu'à quatre-vingt-dix-neuf ans.

L'innocence préservée d'Arrau lui vient sans doute de son éminence, enfant. Le cynisme, l'hypocrisie lui sont étrangers. Il ne boit ni ne fume. Il se méfie des machines. Il ne saurait conduire une voiture, se cuire un œuf, ni même faire marcher un phonographe. Je l'ai vu se battre plusieurs minutes, avec une exaspération croissante, contre les trois serrures de sa porte d'entrée.

Une autre part de son innocence, il la doit à sa vocation. Il préserve la pureté de son environnement. Il fuit la société et perd le fil de la conversation. Son temps, il le passe seul, et avec sa musique, ou bien, dans le Vermont, où il sarcle et plante, avec la nature. S'il lui arrive de parler, il est comme à son piano : d'une franchise désarmante. Il ne se cache en rien d'incarner l'idéal romantique de l'artiste comme héros de solitude, de souffrance.

Le style de vie d'Arrau, dans sa concentration, est à l'image de son caractère. Il n'est pas un amuseur, il ne fait pas de calembours. Aussi aimable et détendu qu'il puisse être, sa présence se marque avec une intensité palpable. L'homme est de petite taille, un mètre soixante-cinq : et quand il est fatigué, le poids de la tête semble porter de façon disproportionnée, archaïque, sur la vivacité des vieilles jambes. Les mains, elles aussi grandes par rapport à sa taille, fascinent par l'indépendance des doigts, l'extensibilité singulière des pouces, qu'une rare élasticité des articulations fait paraître plus grands qu'ils ne sont.

Comme chaque humeur peut lui envahir le visage, Arrau a plus d'un visage. La narine frémissante, les pommettes saillantes, la courte moustache et le cheveu lustré évoquent d'abord la beauté de l'homme du monde sud-américain. Soudain pensif, son regard s'évade, un nuage passe sur les yeux noisette. Au piano, le profil se marque, les chairs crispées et marquées par la souffrance. Au repos, la rondeur du visage est d'un chérubin. Les yeux dansent, les joues se décreusent, adoucies.

S'il parle, il dramatise, pas toujours consciemment. Décrivant les façons d'un pianiste dans Chopin, il avance le buste, marque un temps, et confie dans un murmure incrédule : « Du point de vue de l'interprétation, c'était tout simplement *répugnant.* » Se moquant de son incapacité à allumer le poêle de la cuisine, il se renfonce dans son fauteuil, cache ses mains dans ses poches, et jette des regards dérobés d'un côté et de l'autre : « Je mettrais probablement le feu à la maison. » Un grand chien affectueux entre et n'entend pas nous quitter. « Dehors, mon ami, va retrouver ta maîtresse. » Le chien ne bronche pas. Les lèvres d'Arrau se retroussent, et ses yeux, qui déjà sont énormes, s'exorbitent, les pupilles dilatées. Il chasse le chien vers l'arrière de la maison. « Ruth ! Ruth ! Rappelle Rexie. Il nous dérange. »

Sa voix est d'un baryton agréable, il en use avec une douceur expressive. Les mots eux-mêmes sont usuels, car il ne parle pas sans qu'il lui en coûte. Plus d'une fois, avant de répondre à une question, il prendra une respiration et regardera d'un autre côté. Il peut s'arrêter au milieu d'une phrase si une idée ou un nom lui manque, et le silence qui suit peut paraître périlleux. Même quand le flux verbal est égal, il n'est pas long. Quatre ou cinq phrases prennent corps, puis la machine s'arrête.

Notamment quand la musique entre en jeu, Arrau semble perdre ses mots. Le fait est qu'il tient sa musique si loin de sa vie sociale que jouer pour des élèves ou des amis lui paraît inconcevable. Il n'est sans doute pas exagéré de se dire que pour Arrau la parole et la musique occupent des royaumes distincts, et que son ostensible civilité dans le premier compense un peu son abandon instinctif dans l'autre. L'urbanité de ses manières, son élégance recherchée, les œuvres d'art qui habitent le lieu où il travaille, tout témoigne pour une passion de l'ordre, dont l'équivalent en musique est son ombrageuse textualité. Par-derrière, le feu et la glace.

Observer Arrau dans la sonate de Liszt, c'est voir à quel point ces arrière-plans peuvent transparaître malgré l'habituel contrôle de soi. Même en sommeil, les démons projettent quelque chose comme un reflet tremblant de derrière son visage public le plus amène. Et ils altèrent le timbre de sa voix.

Arrau n'écoute pas ses propres disques sans un visible embarras. Là, ses vêtements de la civilité conventionnelle sont rejetés — il ne le voit que trop.

Les conversations qui font le cœur du présent ouvrage ont eu lieu à Douglaston et dans le Vermont, entre mai 1980 et juillet 1981. Arrau, comme on pouvait s'y attendre, s'est abstenu d'anecdotes et de développements. Ses remarques ont le plus souvent été brèves, concentrées, directes. Que le lecteur se souvienne que le portrait qui s'y trace peu à peu est celui d'un homme d'un âge déjà avancé. Naguère le ton d'Arrau a pu être plus vif, plus mondain aussi. Les entretiens enregistrés ont fait l'objet d'une correction minime : syntaxe, répétitions, inexactitudes. Je n'ai pas voulu flatter l'élocution et le ton d'Arrau. Ni rajouts ni nuances subtiles rapportées. Comme il est naturel, la transcription suggère un rythme plus rapide, une parole plus abondante. Que le lecteur fasse un effort d'imagination pour y entendre le ton de voix d'Arrau, jamais agressif ni dur. Le simple report de l'entretien en dit plus long sur le style, le ton et le caractère de quelqu'un que ne font ses mots mêmes.

Le portrait d'Arrau lui-même n'est pas indemne de taches. On ne les a pas nettoyées. Sans franchir la limite raisonnable, il n'a pas hésité à parler de ses moments de doute ou de découragement. Certains lecteurs pourront estimer qu'on n'est pas allé assez loin en ce sens ; d'autres, qu'on est allé bien assez loin, qu'un voile de mystère sur une vie d'artiste n'est pas une mauvaise chose.

Le soulèvement du voile est un signe des temps. Il est inévitable. Liszt, à l'évidence, n'a jamais eu à parler de ses peurs et de ses faiblesses, ni à se confier à un enregistreur. Mais si l'on décide qu'il est bon de chercher à connaître l'envers du don de l'interprète, alors Arrau est le sujet idéal. La raison en est que chez lui l'homme et l'artiste sont une seule et même personne — ce qui ne veut pas du tout dire que la musique soit toute la vie d'Arrau (à l'évidence, il n'en est rien), mais qu'il met sa vie tout entière dans sa musique. Dans tout ce qui va suivre, ce qu'un homme et sa musique se doivent l'un à l'autre est un thème récurrent.

Conversations avec Arrau

LES RACINES

Les deux maisons d'Arrau ont des traits communs. D'abord, elles se cachent. À Douglaston, une haute haie et le feuillage des arbres de la cour dérobent la maison, une entre d'autres qui se suivent le long du détroit de Long Island. La maison du Vermont est isolée, quatre cents acres et quelque de terrain généreusement boisé sont assez pour la mettre hors de portée. Un écriteau où « Arrau » est tracé en lettres manuscrites indique l'entrée d'une route poudreuse qui serpente dans l'ombre d'arbres épais. Elle rétrécit à mesure qu'on avance. Ce n'est qu'aux abords de la maison que les arbres laissent voir davantage de ciel. Tout près, une douzaine de saules pleureurs. Arrau a aussi planté des bouleaux, des pommiers et des hêtres. Quoiqu'il soit le premier à en rire, il avoue une passion pour les arbres. La maison, toute en longueur, est en bois. Une partie date de 1806. Derrière, un grand étang.

Dans les deux maisons, dedans, le même ordre patient, un ameublement aux teintes profondes, la bonne odeur de la cire.

À Douglaston on descend à la vaste salle de travail d'Arrau par quelques marches. Les rideaux en sont toujours tirés. Avec ses boiseries sombres et ses tapisseries éteintes, le décor serait apaisant plutôt que stimulant. De nombreuses peintures, étrangères à l'Occident, ou très anciennes : des icônes byzantines, des aquarelles japonaises, un Bassano, un Van Dyck. Des nombreux objets d'art réunis là, les plus apparents sont plusieurs douzaines de masques d'ébène africains, dominant la cheminée. Certains ont plus de deux pieds de haut. Autre collection, également importante : des poteries précolombiennes anthropomorphes. Arrau a regroupé sur une table en coin ses objets de prédilection, des bois sculptés égyptiens de la XIIe dynastie, de Nouvelle-Guinée, ou de Chine (de la dynastie Han). Livres et revues sont rangés sur des étagères, ou épars, à profusion. Des photographies de Weber, Liszt, Clara Schumann, Martin Krause, et Karlrobert Kreiten — ce dernier était un élève d'Arrau, assassiné par les nazis. Un piano règne sur une extrémité de la pièce. Au-dessus du clavier, de part et d'autre, un métronome, un chronomètre, deux tasses pleines de plumes et de crayons et, de façon assez incongrue, un téléphone. Le couvercle du piano est rabattu. Chandeliers et clochettes y sont disposés, ainsi qu'une bibliothèque miniature contenant des éditions rares de Shakespeare et de Lessing. L'éclairage discret, l'ordre strict qui règnent là prohibent l'idée même du bruit. Du reste de la maison rien n'est perçu. Dehors, les oiseaux semblent très loin.

Le studio d'Arrau dans le Vermont est un peu plus petit et frais. Lui aussi est au-dessous du sol de la maison, sur le côté de l'entrée principale. Le parquet, le plafond, les murs sont de bois teinté. Le plafond est bas, et des lustres qui pendent, des poutres le font paraître plus bas encore. Les fenêtres ouvrent sur des conifères qui filtrent le soleil. L'ameublement est essentiellement constitué d'antiquités de la Nouvelle-Angleterre. Il y a deux pianos. L'un, piano droit du XIXe siècle, sert de table pour des revues. Comparé au studio de Douglaston, le lieu est plus rustique, moins concerté, mais de la même élégance cherchée. Si l'on oublie quelques lampes, une chaise inclinable de vinyle et deux ou trois tableaux d'artistes chiliens d'aujourd'hui, il pourrait nous venir tel quel d'un autre siècle.

C.A. – Ma famille paternelle est originaire de Provence et son nom était Arrault. Au Moyen Âge ils sont allés à Barcelone, et le « lt » a disparu. Le premier Arrau à débarquer au Chili était un ingénieur envoyé là par le roi Charles III, Don Lorenzo de Arrau. On lui a fait cadeau d'un bon morceau de terre près de Chillán, où je suis né. Il y a aussi quelque chose d'écossais dans ce côté-là de la famille. Des pirates sans doute *(il rit)*. Sans doute de ces pirates qui venaient du côté de Panamá, puis au Pérou et au Chili. Voilà tout ce que je sais de mes ancêtres paternels. Mon père était oculiste. Il est mort d'une chute de cheval, quand j'avais un an. Le cheval a eu peur, il a jeté mon père à bas. Il a survécu quelques jours seulement. Il avait quarante-huit ans.

Ma mère maintenant. Son nom de jeune fille était Ponce de León, en rapport peut-être avec le Ponce de León qui a découvert la Floride. Sa famille venait d'une toute petite ville au nord de Chillán, mais d'ascendance espagnole, mi-andalouse, mi-castillane. D'après mes calculs, ils ont dû s'établir au Chili au début du XVIIIe siècle.

J.H. – Vous vous rappelez votre père ?

C.A. – Pas du tout.

J.H. – Votre mère vous parlait de lui ?

C.A. – Elle était très discrète quand elle l'évoquait. Plus tard, par sa sœur, j'ai su que ce n'était pas un mariage heureux. Il n'arrêtait pas de courir après les femmes. Il semble qu'il ait eu tout un tas d'enfants naturels. Je n'en ai connu qu'un. Mais c'est ce qu'on racontait. Et ma mère a beaucoup souffert.

J.H. – L'absence d'un père vous a été sensible ?

C.A. – En un sens, oui, mais en un sens j'étais heureux. C'est qu'il venait d'une famille où on avait ses idées sur ce qu'un homme doit faire. Et à son idée, la musique, c'était très beau, mais pour les filles. On imagine par où j'aurais eu à passer. D'un autre côté, mis à part son machisme, c'était un homme en or. Il soignait les pauvres pour rien.

J.H. – Être oculiste, au Chili, c'était une position brillante ?

C.A. – Oui. Vous pouviez vous tenir, vous et votre famille, pour des gentilshommes propriétaires. Mais notre terre n'a pas arrêté de se partager, et il n'en restait guère. En plus, mon père a laissé des tas de dettes. En sorte que ma mère a dû aussitôt se mettre à l'enseignement du piano quand elle a été veuve, pour pouvoir joindre les deux bouts. Et elle a dû vendre le peu de terre qui nous restait.

J.H. – Elle n'a jamais pensé à se remarier ?

C.A. – C'est possible. Mais mon frère aîné, Carlos (j'étais le dernier de trois enfants), était à quelques égards pire que mon père. Elle m'a dit un jour qu'il y avait un homme qu'elle aurait volontiers épousé, mais mon frère a menacé de le tuer s'il approchait jamais notre maison. Se remarier était à l'époque quelque chose de déshonorant. On attendait d'une femme qu'elle porte le deuil le reste de sa vie. Vous savez que pendant plus de vingt ans ma mère n'a porté que du noir.

J.H. – Ainsi votre mère veuve ne s'est pas remariée. Toute son énergie, son ambition ont dû se reporter sur les enfants, principalement vous.

C.A. – Elle n'a peut-être vraiment commencé à vivre que du jour où elle a découvert mon talent. Me voir faire carrière, dès lors, ç'a été toute sa vie. Quand quelque chose n'allait pas bien dans mon développement, elle était désespérée. Mais jamais elle n'a interféré. C'était une femme remarquablement intelligente. Elle a clairement compris que du jour où j'ai commencé à travailler avec Martin Krause, elle devait lui laisser les décisions. Elle a même laissé à Krause mon éducation. Le seul moment où elle m'a poussé, et un peu seulement, ce fut à Berlin, peu de temps avant de trouver Krause, quand je cessais de m'intéresser à mon piano. C'est la seule fois.

J.H. – Et avec les autres, comment était-elle ?

C.A. – On lui trouvait un charme extraordinaire. Et de l'esprit. Elle racontait volontiers des histoires de mon enfance. Elle m'était extrêmement attachée.

J.H. – Elle vous défendait beaucoup de choses ?

C.A. – Pas vraiment. Il y avait de la matriarque d'Amérique latine en elle. Mais elle connaissait ses limites.

J.H. – On sentait qu'elle vous préférait à votre sœur et votre frère ?

C.A. – J'en ai peur. Et ma sœur en a souffert. Elle était si bonne pour moi, comme une seconde mère.

J.H. – Et votre frère ?

C.A. – Je ne crois pas. Il était trop occupé avec les femmes. Il n'était jamais à la maison. Je l'aimais beaucoup. Mais il me traitait vraiment trop en enfant.

J.H. – Toutes les forces de la famille semblent avoir convergé vers vous. Votre père est mort. Votre frère s'est détaché de la famille. Votre sœur était comme une seconde mère.

C.A. – Et ma tante Celina aussi était une mère de plus.

Elle était la sœur de ma mère. Elle nous a suivis à Berlin, deux ans, je crois, après notre départ du Chili. Et elle y est restée des années et des années. Le matriarcat !

J.H. – Vous m'avez dit que votre mère n'a pas appris l'allemand, toutes ces années qu'elle a vécues à Berlin ?

C.A. – Non. Elle avait été élevée dans un couvent français. Elle parlait couramment français. Mais jamais ni anglais ni allemand. Elle a refusé d'apprendre l'allemand. Elle disait que c'est trop difficile.

J.H. – J'ai comme image de votre mère cette femme toujours présente et effacée à l'arrière-plan, ne communiquant avec personne si ce n'est sa famille la plus proche. Et elle a vécu jusqu'à quatre-vingt-dix-neuf ans.

C.A. – Elle est morte quatre semaines avant ses cent ans. Ç'aurait pu être une de ces relations où l'amour, le désir de l'enfant sont excessifs. Mais elle était trop intelligente. Elle connaissait ces cas où les mères étouffent les enfants prodiges.

J.H. – Il semble bien, pourtant, qu'elle ait vécu à travers vous.

C.A. – Sans doute. Elle sentait comme sa mission que je devienne en grandissant un artiste important. Naturellement, il y a eu un moment où j'ai senti qu'elle en faisait trop. Elle voulait savoir où j'allais, ce que je faisais. J'ai commencé à me rebeller, de façon très salutaire, vers mes quinze ou mes dix-sept ans. Elle l'a accepté sans faire trop d'histoires.

J.H. – Avez-vous passé avec elle la plus grande partie de votre vie ?

C.A. – J'ai vécu avec elle jusqu'à mon mariage, en 1937. Plus tard, en 1953, elle est venue vivre avec Ruth et moi, à

Douglaston. Vous voyez, elle avait quitté Berlin pour s'installer au Chili avec ma sœur et ma nièce, en 1938. Au Chili, elle était gâtée. On la traitait comme la mère d'un héros national. Quand des pianistes étrangers débarquaient, on l'invitait, elle avait sa place à l'Opéra. Elle y allait toujours. Sur le jeu du piano elle en savait, je vous assure. Elle passait le temps du récital à critiquer. Comme tant de personnes âgées, elle s'imaginait ne faire que murmurer, alors qu'en fait elle parlait à voix haute. Je me trouvais là plus d'une fois. « Quelle sonorité affreuse ! » Et les gens de se retourner et de faire : « Chut ! » Oh, c'était épouvantable. « Beaucoup trop lent... Beaucoup trop vite. »

J.H. – Vous la voyiez souvent quand elle vivait au Chili ?

C.A. – Lors de mes tournées, tous les trois ans. Évidemment, mon arrivée était une fête pour elle, et elle souffrait de me voir repartir. Son attachement pour moi était tel qu'elle se tourmentait de me savoir loin. Aussi Ruth et moi avons-nous décidé de la prendre les dernières années. À la maison, avec nous.

J.H. – Et la vie avec votre mère a été comment, ces dernières années de sa vie ?

C.A. – C'était une vieille dame plutôt facile à vivre. Elle n'était pas très exigeante. Naturellement, elle avait une infirmière auprès d'elle en permanence. Je me disais à l'instant même comme elle était *dure,* physiquement. À quatre-vingt-quinze ou quatre-vingt-seize ans, elle n'avait rien perdu de sa curiosité. Elle voulait savoir ce qu'il y avait derrière chaque porte. Une fois qu'on l'avait laissée seule quelques minutes, elle a ouvert une porte qui menait à la cave, et a dégringolé une quinzaine de marches. Elle ne s'est rien cassé, mais rien du tout. Elle s'est relevée, et avec notre aide a remonté elle-même les escaliers. *(Rires.)* Vous savez, sa propre grand-mère était allée jusqu'à ses cent vingt ans. On raconte qu'elle lisait toujours le journal. Et sa sœur est morte à quatre-vingt-quinze ans.

J.H. – Je crois savoir que vous traduisiez pour elle, aux repas.

C.A. – J'étais assis à côté d'elle, et je traduisais son espagnol en anglais. Ou en allemand, quand les enfants n'étaient pas là.

J.H. – Vous vous souvenez de la mort de votre mère ?

C.A. – Le coup a été terrible. Je ne sais comment dire, je m'imaginais que ça n'arriverait jamais. Et j'étais en voyage. J'étais en tournée en Italie, à Milan. Je suis arrivé à temps pour les obsèques. Je pense que ç'a été le plus grave choc de ma vie, il m'a fallu du temps pour ajuster ma vie sans elle toujours à l'arrière-plan.

J.H. – Vous êtes-vous jamais demandé à quel point sa mort vous a changé, tant comme artiste que dans votre vie de tous les jours ?

C.A. – Le fait est qu'en dépit de mon adoration j'avais acquis depuis longtemps une indépendance absolue — vis-à-vis des choses, vis-à-vis des gens. Ç'a été une conquête graduelle. Et le fait qu'après Martin Krause plus jamais je n'ai eu de maître a contribué aussi à me rendre indépendant.

J.H. – L'indépendance. C'est une chose qui frappe, chez vous. Vous semblez n'avoir même pas de proches collègues en musique.

C.A. – C'est vrai, c'est curieux. Mais d'un autre côté c'est peut-être une chose assez saine. Je vois tant de mes collègues passer leur temps à s'inquiéter : « Je vous prie, comment jouez-vous cela ? », ou bien « Vous trouvez ce que je fais bien ? » — Ils le font tous. Tous vivent en des chapelles aujourd'hui, jouant les uns pour les autres. C'est quelque chose que je ne peux pas du tout comprendre. S'en remettre au goût d'un clan, c'est *dangereux.*

J.H. – Vous arrive-t-il de jouer en privé pour quelqu'un — je veux dire, pour savoir sa réaction ?

C.A. – Cela m'arrive, mais jamais avec des musiciens. Un des très rares pour qui je l'ai fait est Erich Kleiber — les concertos de Beethoven, le concerto de Schumann, et j'avais vingt-cinq ans. Quand il décidait d'accepter un soliste, il étudiait le concerto autant qu'il aurait travaillé à une symphonie. Dans le deuxième mouvement du concerto de Schumann, c'est lui qui m'a montré le sens de ce passage :

Personne ne me l'avait jamais dit, et je ne l'avais jamais remarqué moi-même, mais c'est l'annonce du thème de violoncelle qui interviendra dans la section médiane du mouvement. Curieusement, peu de chefs semblent s'en douter. Furtwängler aussi m'a appris quelque chose dans ce même mouvement. Il y a à la mesure 52 un *forte-piano* que personne n'observe, et il faisait là un incroyable rubato, pressant un peu jusqu'au *forte-piano,* et y traînant un rien. C'était superbe. Des choses pareilles — quand je trouve quelqu'un qui me fait des suggestions pareilles, je les ai toujours acceptées. Mais les pianistes — je ne me rappelle pas avoir jamais entendu une suggestion intéressante de la part d'un pianiste. Une autre influence dont je peux me souvenir, en ce qui concerne ce concerto de Schumann, mais une influence fâcheuse, à un moment donné, c'est Klemperer. La première fois que j'ai joué avec lui, je devais avoir vingt-trois ou vingt-quatre ans. Il avait l'orchestre de Wiesbaden à l'époque. Schnabel s'est dédit, et j'ai dû le remplacer dans le concerto de Schumann. Klemperer était si teigne. Des années plus tard, quand nous avons rejoué ensemble, j'avais plus d'assurance et je lui ai dit : « Vous vous rappelez ce que vous m'avez fait à Wiesbaden ? — *J'ai fait quoi ?* » Et je lui ai raconté. Oh, c'est une abomination. Juste avant le concert, il s'est mis au piano pour me montrer comment certains passages devaient être joués. C'est un de mes plus affreux souvenirs. Il n'a pu le croire quand je le lui ai raconté — quel mal il aurait pu me faire, alors que j'étais encore en plein développement.

J.H. – Croyez-vous que le comportement de Klemperer, *corrigeant* votre interprétation le jour même du concert, a pu vous rendre craintif à l'endroit de rencontres avec des collègues musiciens, où vous pourriez être critiqué ?

C.A. – Naturellement. Par bonheur, la plupart des grands chefs de l'époque étaient au contraire très positifs. Jamais une chose de ce genre ne m'est plus arrivée. Et c'était si dérangeant parce que, malgré mon épouvante, en l'entendant donner l'exemple, je me disais : il joue monstrueusement ! Et il se trouvait merveilleux !

J.H. – Ce sont là des exemples typiques, n'est-ce pas, d'une période de relative insécurité artistique ?

C.A. – Oui. J'étais en pleine évolution.

J.H. – Depuis, vous n'en croyez plus que vous-même ?

C.A. – Eh bien, oui. Non pas du tout que j'aie commencé à me dire que tout ce que je faisais était bien fait. Plus d'une fois j'ai laissé tomber un ouvrage que je ne parvenais pas à comprendre, pour des années parfois. Compter sur soi est une chose merveilleuse, à condition qu'on supporte d'être seul. Ce serait dangereux pour ceux qui n'ont pas l'intuition forte de ce qu'il leur faut. Ce peut être désastreux.

J.H. – Il arrive que vous évoquiez une image *Sturm und Drang* — le voyageur au sommet d'une montagne, giflé par le vent, recevant son inspiration du ciel même.

C.A. – Un mysticisme de la nature... Mais c'est un sentiment très fort en moi. Il m'arrive d'éprouver quelque chose comme une transe mystique. Quand je sors de ces états, il arrive que je sache soudain comment jouer un passage qui me posait des problèmes. En rêve aussi, il m'arrive d'être obsédé par tel passage que je ne trouve jamais juste. C'est assez horrible comme obsession. Ce passage revient et revient et revient. Alors je me réveille, et d'un coup la solution est là.

J.H. – Vous visualisez quelque chose en rêve, dans ces cas-là ?

C.A. – Le fait est qu'il m'arrive de voir de la musique imprimée ! Et je l'entends, au point d'être empêtré dans mon rêve.

J.H. – À l'occasion de ces états de transe, ou pendant de tels rêves, entendez-vous en vous une *voix* distincte ?

C.A. – Non, oh non.

J.H. – Pas de mots ?

C.A. – Non. En fait, il peut arriver qu'à de certains moments, et même des jours entiers, parler me soit impossible. Dans quelque langue que ce soit. Je n'ai plus de mots pour rien. Je vis dans un autre langage.

J.H. – Oh, même quand vous parlez, vous n'êtes pas un causeur. Et pas davantage un raconteur.

C.A. – Plus jeune, j'en ai souffert. Je pensais que quelque chose en moi n'allait pas. J'avais peur d'aller dans des endroits à conversations. J'ai mis du temps à comprendre qu'il n'y a là aucune infériorité d'aucune sorte. Je n'allais pas à l'école, évidemment. Cela a sûrement quelque chose à voir avec le fait que le bavardage tout simple m'est si difficile. Je n'ai été à l'école que six mois, à Berlin. On m'en a retiré, parce qu'il ne me restait pas assez de temps pour mon piano. Je devais avoir huit ans. Alors je suis devenu une espèce de singe savant. Les enfants de mon âge ou bien s'émerveillaient que je sois capable de tels prodiges avec mes mains, ou bien trouvaient que j'étais un drôle d'animal, vaguement anormal. Deux réactions également odieuses — les deux.

J.H. – Ils vous ont fait vous sentir à part, en dehors.

C.A. – Oui.

J.H. – Et en un sens toute votre vie vous êtes resté cela — un *outsider.*

C.A. – Oui, absolument. J'ai essayé de surmonter cet isolement. Et cette timidité. Vous voyez, j'ai été très timide jusqu'à à peu près trente-cinq ans. J'ai surmonté. Pas entièrement. Je ne m'en défaisais qu'en jouant. Alors j'éprouvais ce sentiment d'une pleine communication, surtout quand je jouais bien. Ce moment de communication avec une foule est une chose profondément réconfortante. C'est un grand bonheur.

AU CHILI
1903-1911

Chillán, capitale de la province de Nuble, est situé à environ quatre cents kilomètres au sud-sud-ouest de Santiago. Le recensement de 1970 lui attribue quatre-vingt mille deux cent soixante-dix habitants. Elle en comptait trente mille environ en 1903, à la naissance d'Arrau. Un voyage en train conduisait alors à Santiago, en sept heures enfumées.

Fondée à la fin du XVIe siècle, la ville a été plusieurs fois rasée par des tremblements de terre. Le séisme de 1906 qu'Arrau a vécu à Chillán y a fait moins de dégâts que l'immense tremblement de terre de Santiago, qu'il y a vécu en 1939. Chillán a deux autres fils illustres, Bernardo O'Higgins, un leader de l'Indépendance, et l'illustre chanteur Ramón Vinay.

Arrau se souvient surtout de Chillán comme d'une toile de fond pour quelque chose comme un conte de fées. À un âge trop précoce pour que d'autres découvrent la musique, la musique l'a découvert. Il semble bien que sa première apparition en public, au théâtre municipal de Chillán, ait eu lieu quand il avait cinq ans. Les Arrau s'établirent ensuite à Santiago, en sorte qu'il puisse travailler avec Bindo Paoli, un pédagogue coté. À Santiago il joua pour des membres du gouvernement. Le résultat escompté de cette audition fut une bourse d'études à l'étranger. Sur tout ce temps de formation veillait l'indomptable Doña Lucrecia León de Arrau, qui insufflait la musique à son fils, et veillait sur sa moindre apparition en public.

Ce qu'Arrau rapporte lui-même de ses souvenirs d'alors, dans l'entretien qui suit, contredit parfois le rapport des journaux de l'époque. Arrau se souvient d'avoir appris tout seul ses notes. Il n'y a pas de doute qu'il ne reçut aucune formation spécifique avant d'étudier avec Paoli. Mais une remarque de sa mère dans une interview publiée en 1939 laisse entendre que son rôle fut important. « Claudio ne jouait pas avec les autres enfants. Il s'asseyait à côté de moi et m'écoutait jouer ou bien nommer les notes. À trois ans, au lieu de barbouiller du papier comme font les enfants, il traçait des portées et des clés, et des notes. Ensuite il me montrait son œuvre. Comme il s'en tenait à ce jeu, je l'ai aidé à mieux tracer ses signes, et plus tard je lui ai appris à trouver les notes sur les touches. La vérité est que je suis restée un long temps à m'émerveiller de ses dons, et à craindre que les gens ne se moquent de moi si j'en parlais. Un jour le gamin m'a étonné en prouvant son bon goût. Chaque fois que je jouais du Bach, il me tirait par ma robe en disant : " Encore ! " »

Dans cette interview, Doña Lucrecia dit que le premier récital de Claudio eut lieu en 1908. Arrau pense que le programme a dû comprendre des morceaux de Mozart, Beethoven et Schumann. Un compte rendu en date du 22 septembre 1908, dans le journal *El Comercio*, de Chillán, écrit ceci : « Claudio Arrau León, âgé de cinq ans, a parfaitement joué l'*Aire Luis XIII*, de L. Streabbog. Le public transporté l'a ovationné quand il est revenu jouer un morceau à quatre mains avec sa mère, Doña Lucrecia L. de Arrau. Cet enfant éveille les plus grandes espérances. Il vit pour et par la musique. S'il persiste dans cette passion pour son art, nul doute qu'il deviendra un artiste sensationnel. »

En octobre 1909, Claudio se fit à nouveau entendre à Chillán. Un critique d'*El Comercio* écrivit : « Les honneurs de la soirée vont à quelqu'un à peine en âge de marcher — Claudio Arrau León, interprétant magistralement des morceaux aussi difficiles que le *Rondo tzigane* de Haydn, la *Lettre à Élise* de Beethoven, le concerto de Schüller, et la charmante suite de Grieg *Le Matin*, avec l'affectueux accompagnement de sa mère, Doña Lucrecia León de Arrau. » Un autre journal local sacrait Claudio « le héros du jour », poursuivant ainsi : « Sa performance est incroyable. C'est le fait d'un génie artistique, visiblement destiné à être couronné par la gloire. »

Arrau se souvient d'avoir joué pour les membres du gouvernement, ce qui lui valut sa bourse d'études à l'étranger. Le président du Chili, Pedro Montt, fit lui-même beaucoup en ce sens. Le journal *La Discusión de Chillán* rapporte : « Un jour, le petit garçon fut invité à une réception à laquelle assistaient ambassadeurs et artistes, ministres et écrivains. On lui demanda de jouer, mais il était d'humeur capricieuse, et il fallut l'en prier à plusieurs reprises, en sorte que les invités se lassèrent d'attendre. Finalement le président lui dit : " Très bien, Claudio. Si tu ne veux pas jouer, il n'y aura pas de voyage en Europe. " Aussitôt l'enfant courut au piano et régala les invités de cascades de sonorités splendides. »

Peu avant l'embarquement pour l'Allemagne, en 1911, les Arrau se rendirent à Valparaiso, où on trouva une fois de plus Claudio capricieux. Le magazine *Sucesos* rapporte :

> Un petit garçon excessivement bien élevé, fin, élégant, visiblement le fils d'une famille fortunée, avance d'un air grave dans les bureaux de *Sucesos* avec sa suite de deux dames. Claudio Arrau, l'enfant prodige, tient la promesse qu'il nous avait faite de nous rendre visite. Il est en vacances d'été à Valparaiso et se rendra bientôt à Berlin. Nous échangeons des compliments. L'air plutôt excédé, le garçon parcourt la pièce des yeux, qu'il fixe bientôt sur des caricatures de Wiedner exposées aux murs. Nous voudrions bien

parler un peu avec lui, mais il garde un silence boudeur. Tandis que ses regards errent, absents, ses compagnes nous disent qu'il a sept ans et s'intéresse à la musique depuis qu'il en a quatre. Il a assimilé la théorie et les exercices avec une facilité stupéfiante, et a appris à lire et écrire tout seul.

— Vous voulez bien nous donner un autographe, Claudio ?

— Je suis si fatigué ! — Il fait un geste de lassitude.

— Allons, petit bonhomme...

Alors, calmement et avec autorité, le garçon écrit ceci : « À *Sucesos*, meilleurs vœux. »

Un témoin nous reste de ces années d'enfant prodige, sa sœur, Mme Lucrecia Van der Daele. Née en 1897, c'est une dame vigoureuse, parfaitement conservée, dont la dévotion à l'égard de son cadet est restée intense. Elle a commencé par être pianiste, recevant des leçons de sa mère quand elle avait neuf ans. Elle poursuivit ses études à Berlin, jouant avec Claudio des œuvres pour deux pianos de Mozart et Arensky. Mais le public lui faisait perdre ses nerfs, et elle cessa de travailler avant ses vingt ans.

Mme Van der Daele évoque (en allemand) son frère tout petit, dévorant ses leçons des yeux et des oreilles. « Ma mère m'apprenait le piano. Il restait là à regarder, et se mettait à rire quand je faisais une faute. Ma mère lui disait qu'elle le ferait sortir s'il continuait à rire. Et alors elle jouait elle-même le *Rondo capriccioso* de Mendelssohn, qu'elle jouait merveilleusement. Il disait : " J'aime tellement ça que je veux le copier ! " Alors il s'étalait sur le parquet et copiait la musique, et gardait la copie dans sa chambre. Des voisins venaient demander à le voir jouer, et alors maman l'appelait. Il pouvait déjà jouer d'oreille de petites choses, Mozart et des choses de ce genre. Quand maman me donnait une leçon, il s'asseyait et écoutait. Ensuite il se mettait au piano et jouait ce que maman m'avait montré. Il ne savait encore ni lire ni écrire.

« Je n'ai jamais été jalouse de lui. J'ai été pour lui comme une seconde mère. C'était un enfant si gentil. Si aimant, jamais en colère. Il avait le corps tout petit, mais une très grosse tête. Chaque fois qu'il tombait, il atterrissait sur la tête. Il adorait les fleurs. Chaque matin, il mettait un tablier blanc et allait au jardin cueillir ses fleurs préférées, des violettes, des œillets, et il en mettait une dans la poche de son tablier. Il restait au jardin respirer les fleurs, s'embaumer de leur odeur. »

Quand Claudio, tout vêtu de blanc, donna son premier récital, sa sœur le conduisit sur scène, le souleva, et l'installa sur son tabouret. « Alors on a réalisé qu'il portait toujours ses gants blancs, et j'ai dû les lui enlever en vitesse pour qu'il puisse jouer. Il n'était pas le moins du monde nerveux ou inquiet. Le public l'applaudit tellement que maman est venue sur scène, et je crois qu'ils ont joué à quatre mains, — je crois, mais je ne suis pas sûre. C'était au théâtre municipal, qui était neuf alors. Il est toujours debout. »

À la longue, la mère d'Arrau se décida à se confier à sa sœur, Clarisa. « Je crains que cet enfant ne soit pas normal. » « Ma tante lui répondit qu'elle exagérait, et qu'elle viendrait elle-même à Chillán pour s'en assurer. Eh bien elle est venue, elle a vu, et elle a dit : " Faites vos malles ! Vendez tout ! Allez à Santiago ! Il faut que cet enfant travaille. Il faut que le président le voie. Cet enfant est un phénomène. " C'est ainsi que nous sommes tous allés à Santiago. »

Quoique les dons précoces d'Arrau aient dû se développer de la façon la moins prévisible, à l'autre bout du monde, leur apparition suivit un modèle établi. L'exemple classique de la précocité musicale est Mozart, qui fit son tour d'Europe à sept ans. Lui aussi a eu une sœur aînée pianiste et, le guidant, un père aux compétences musicales non négligeables. « Quand tu étais à ton piano ou occupé à la musique de quelque autre façon, personne n'aurait osé la moindre plaisanterie avec toi », rappelait son père dans sa lettre du 17 février 1778. Plus loin, Leopold Mozart évoque le petit visage de Wolfgang, toujours pensif et grave. Arrau enfant n'avait pas moins d'attachement fervent à son instrument, et ses portraits font voir un visage aussi prématurément grave que celui de Mozart. À l'image du jeune Mozart, il eut aussi à subvenir aux besoins de la famille, obligation qui ne fit que redoubler sa piété filiale.

Combien d'enfants prodiges échouent à survivre à l'innocence et à l'intégrité de leurs premières années, et leur carrière avorte en conséquence ! Il n'y a guère dans nos temps modernes que Shura Cherkassky chez qui l'ingénuité libre de l'enfance nourrisse toujours l'homme fait, sans que la conscience de soi vienne l'inhiber. Arrau a su évoluer et survivre. Pourtant, le signe du prodige ne s'est pas effacé. Il lui reste, comme artiste, l'intégrité de quelqu'un que rien ne saurait diviser. Dans certaines circonstances mondaines, on retrouve chez lui le comportement respectueux de quelqu'un qui cherche à être approuvé et fait ce qu'on lui dit. Je l'ai entendu rapporter avec un mélange de résignation perplexe et de résolution factice les choses que d'autres lui avaient dit qu'il devait faire : par exemple, enregistrer les concertos de Beethoven en numérique pour être sûr que ses disques seraient compétitifs. Un domaine dans lequel il a renoncé à toute autorité est l'argent. Ses souvenirs du temps de l'inflation, en Allemagne, sont, de son propre aveu, devenus vagues. « Bien sûr je me rappelle que chaque jour l'argent valait moins que la veille. Mais sur notre situation personnelle je n'ai guère de souvenirs. Il arrivait que j'achète un livre, et alors nous ne pouvions pas manger de trois jours. Ce genre de choses pouvait arriver. » Une fois marié, Arrau a laissé à sa femme le soin de ses finances.

Même devenu adulte, Mozart, comme le rapporte Einstein, n'avait en rien le sens des affaires du monde. Tout perspicace observateur de la nature humaine qu'il était, on n'avait pas de mal à le tromper. La nécrologie de Friedrich Schlichtegroll de 1792 rapportait déjà qu'en matière financière il était complètement perdu. Il lui fallait en permanence une main pour le guider, un ange gardien, pour prendre soin de ses affaires.

Les enfants d'aujourd'hui sont trop de ce monde et, en un certain sens, trop privilégiés pour pouvoir perpétuer le modèle classique du prodige. Parents et maîtres ne pourraient plus se permettre ni une si inflexible autorité, ni tant d'abnégation dans leur dévouement. D'ailleurs la technique interdit la solitude protectrice et l'innocence saine. Le cinéma, la télévision offrent plus de voyages que n'en a jamais connus l'itinérant Mozart enfant.

Il y a un peu plus d'un demi-siècle, Yehudi Menuhin a réincarné le modèle canonique. Imbus des valeurs de l'Ancien Monde, ses parents ont veillé à sa croissance et à son régime de la façon la plus stricte. Louis Persinger, son professeur de violon, lui donnait jusqu'à cinq leçons par semaine et l'accompagnait dans ses tournées. À la maison, d'où ses parents n'étaient jamais absents, il étudiait avec des répétiteurs privés. Il ne connaissait d'autre enfant que ses deux sœurs, qui toutes deux (comme la sœur de Mozart et celle d'Arrau) étaient pianistes. Son père découpait dans les journaux les articles qu'il lui donnait à lire. Sans cette censure aucun journal ne lui était permis. Dans une visite guidée de Los Angeles en 1926, Yehudi (il avait neuf ans) et sa mère virent la maison de Mary Pickford et Douglas Fairbanks. Ils n'en connaissaient même pas les noms.

Menuhin fit ses débuts officiels à sept ans. Un an plus tard il débutait avec l'orchestre symphonique de San Francisco. Il avait dix ans quand il joua à Paris les concertos de Lalo et Tchaïkovski sous la direction de Paul Paray. À onze ans il jouait à Carnegie Hall le concerto de Beethoven avec Fritz Busch. Il fit sa première tournée à douze ans, jouant sous la direction de Beecham, Enesco, Koussevitzki, Monteux, Toscanini, Walter, jouant et enregistrant le concerto d'Elgar avec le compositeur lui-même. Menuhin a été le dernier.

J.H. – Votre plus ancien souvenir ?

C.A. – Un horrible tremblement de terre, le même qu'à San Francisco. Toute la côte Pacifique a été affectée. J'avais trois ans. Je me suis trouvé à moitié enseveli. Je revois les détails aujourd'hui encore, c'est une chose que je n'oublierai jamais. Les maisons coloniales espagnoles ont plusieurs cours communicantes, je devais me trouver dans la troisième ou quatrième à partir de la rue, avec ma nourrice. Toutes les maisons ont commencé à s'enfoncer d'un seul coup, et naturellement les passages d'une cour à une autre s'obstruaient. Par bonheur ma nourrice était une femme vigoureuse et hardie. Elle m'a pris dans ses bras, attendant le premier moment de répit. Alors elle a couru jusqu'à la cour prochaine, et ainsi de suite. Nous avons fini par nous retrouver à l'extérieur. Ma mère était debout dans la rue, pleurant comme une folle. Elle me croyait perdu.

J.H. – Vous vous souvenez d'avoir eu peur ?

C.A. – Oh oui ! Et je me rappelle la puissance des éléments. C'est une sensation ineffaçable.

J.H. – Je ne pense connaître personne d'autre qui ait ainsi comme premier souvenir un désastre.

C.A. – Oui, l'impression est ineffaçable. Vous voyez, plus tard, quand nos enfants étaient encore tout petits, nous étions à l'hôtel à Santiago, et un autre tremblement de terre terrifiant s'est produit. C'était en 1939. J'ai couru à la chambre où les bébés étaient endormis, j'en ai pris un dans chaque bras, et j'ai descendu les escaliers en courant jusqu'à la rue. Je ne sais toujours pas comment j'ai fait.

C'est l'instinct. Il me semblait que quelqu'un d'autre agissait à ma place.

J.H. – Et plus tard, votre premier souvenir d'enfance ?

C.A. – Ma mère au piano. Je devais avoir trois ans. Le peu que je réentends, c'est le *Rondo capriccioso* de Mendelssohn. Elle jouait très bien, mais jamais en public.

J.H. – Souvent les enfants prodiges comprennent la musique avant les mots mêmes. C'était votre cas ?

C.A. – J'ai su lire mes notes avant mes lettres, en effet. Comment, je ne saurais l'expliquer. J'imagine qu'à force d'entendre ma mère jouer et de regarder sa musique la chose s'est faite insensiblement.

J.H. – Personne ne vous a appris ?

C.A. – Non. Ma mère me trouvait trop petit encore, elle avait peur que cela ne me fasse du mal, physiquement. Elle s'est toujours refusée à me donner des leçons. Un jour, pourtant, j'ai su lire la musique. Comment ? mystère.

J.H. – La musique, votre mère, pour vous, c'était une seule et même source ?

C.A. – Dans mon subconscient je pense, en effet, que la musique et ma mère, c'était tout un.

J.H. – Quelles sont les premières choses que vous ayez jouées ?

C.A. – La sonate en *ut* majeur de Mozart, les *Scènes d'enfants* de Schumann. J'ai mis la main sur la musique et, d'une manière ou d'une autre, je l'ai déchiffrée. J'étais laissé à moi-même, voyez-vous, parce que ma mère était effrayée de mes dons. Elle ne voulait surtout pas me pousser. Attitude merveilleuse. Jamais elle ne m'a forcé à rien.

J.H. – Vous avez donné votre premier récital à cinq ans. Quel était le programme ?

C.A. – La sonate en *ut* majeur de Mozart, les variations *Nel cor più non mi sento* de Beethoven, je pense qu'il devait y avoir aussi une étude de Chopin, celle en *fa* mineur des *Nouvelles Études.*

J.H. – On a du mal à se figurer un enfant de cinq ans jouant un tel programme. Évidemment, vous ne pouviez même pas couvrir l'octave.

C.A. – J'arpégeais. Mais je n'atteignais pas non plus les pédales ! Il a fallu me fabriquer une espèce d'appareil en bois avec des espèces de bâtonnets qui me permettaient d'actionner la pédale. Le concert avait lieu dans un théâtre sans électricité, j'ai le souvenir d'une profusion de chandelles. Il y avait des chandeliers jusque sur le piano droit, j'avais peur que le feu ne s'y mette. Et ma sœur qui se tenait derrière moi de peur que je ne tombe du tabouret ! Elle était prête à me rattraper si je me penchais de côté trop dangereusement. Le concert commençait plutôt tard, je me suis endormi. Pour me tenir les yeux ouverts il a fallu me raconter des histoires.

J.H. – Jouer vous faisait plaisir ?

C.A. – Il me semble. Je n'étais pas le moins du monde nerveux.

J.H. – Vous vous rappelez le public ?

C.A. – Il devait y avoir des centaines de gens. Nous sommes arrivés en voiture. Ensuite les gens ont dételé les chevaux pour nous tirer eux-mêmes. Oui, les dames ! Jusque chez nous.

J.H. – Quel effet vous a fait cette adulation ?

C.A. – Au début je la trouvais naturelle. Mes réactions ne sont devenues plus compliquées qu'après notre départ du Chili.

J.H. – Ainsi l'expérience chilienne était toute baignée d'innocence ?

C.A. – C'est vrai. Je me sentais en sécurité. J'avais une idée, mais très vague, de quelque chose d'exceptionnel qui s'attachait à moi. J'étais sans vanité, enfant. *Enfant! (Rires.)*

J.H. – Vous étiez connu comme le loup blanc à Chillán.

C.A. – Les journaux du pays entier en ont parlé. Il a été question de me donner une bourse pour l'Europe, il fallait seulement que le Congrès donne son approbation. Ma mère et quelques relations s'y sont employées. Leur idée était que je n'avais pas d'autre chance d'aller travailler à l'étranger. Aussi ma mère m'a pris par la main et nous sommes allés voir députés et sénateurs, l'un après l'autre, et j'ai joué pour chacun. Après quoi la quasi-unanimité a voté en ma faveur. Et on m'a donné cette merveilleuse bourse d'études.

J.H. – Vous avez pris plaisir à jouer pour ces gens importants ?

C.A. – Je pense que je faisais mon petit coq. Je me rappelle que j'observais leurs réactions.

J.H. – Quand on exhibait Mozart, il identifiait des accords d'une autre pièce. Vous avez eu à faire des choses de ce genre ?

C.A. – Évidemment. On plaquait des paquets de notes, comme de la musique moderne, et il fallait que je nomme les notes, depuis une autre pièce. J'ai dû aussi transposer des préludes de Bach.

J.H. – Un fait caractéristique de Mozart enfant était son immersion totale dans la musique. Schlachtner, le trompettiste de la Cour de Salzbourg, écrit de Mozart : « À peine s'occupait-il de musique, plus rien d'autre ne l'intéressait. Même nos jeux d'enfants, il fallait leur donner un accompagnement musical. Quand nous transportions les jouets d'une pièce à l'autre, celui des deux qui avait les mains libres devait jouer une marche au violon ou chanter pour occuper ce temps. » Étiez-vous aussi exclusif ?

C.A. – Il me semble. Tout ce que je voulais, c'est la musique. On me nourrissait au piano. Sinon je crois que je n'aurais pas mangé. Je jouais la bouche ouverte, et ma mère me donnait la becquée. La musique m'occupait tellement que je ne m'en apercevais même pas. Quand j'avais quelque chose dans la bouche, je le mangeais pour m'en débarrasser.

J.H. – Quel genre de piano aviez-vous à la maison ?

C.A. – Un piano droit. Très mauvais, je crois. Je l'ai toujours considéré comme une autre partie de moi-même, un membre de plus.

J.H. – Votre mère s'en servait aussi ?

C.A. – Elle donnait pas mal de leçons. Alors je me mettais par terre, dans la même pièce, et j'écoutais. C'est cela qui a éveillé mon don musical.

J.H. – Schlichtgeroll rapporte que Mozart était un enfant absolument obéissant. C'était votre cas ?

C.A. – Oh oui. J'ai crié contre ma mère vers mes quinze ans, une fois, et ensuite plus jamais. Je me rappelle qu'elle m'avait demandé où j'avais été. Je pensais que ça ne la regardait pas. Elle s'est mise à pleurer, et j'ai demandé pardon. C'est la seule fois. J'étais très obéissant. Trop, sans doute. Ce n'est pas très sain, psychologiquement.

J.H. – Pourtant votre équanimité doit avoir quelque chose à voir avec cette innocence divine, si on peut parler ainsi : cette capacité d'être entièrement à ce qu'on fait, et indemne de tout le reste.

C.A. – Naturellement. Mais il n'y avait pas l'influence de l'école pour me distraire. J'avais des répétiteurs. Mais l'école est une épreuve que je n'ai jamais eu à affronter. Pendant des années j'ai cru y avoir beaucoup perdu. Je ne le pense plus du tout. Je pense au contraire devoir la plupart de mes qualités au fait que je n'ai pas dû apprendre les conformismes scolaires. J'ai bien vu, en observant mes propres enfants, qu'il y a des choses qu'on ne fait à un âge donné que parce qu'elles sont attendues. Je n'ai pas connu ce problème. Je n'ai rien eu à tenir comme allant de soi, comme les écoliers.

J.H. – Une dernière question sur l'expérience du prodige. Existe-t-il tôt dans la vie des aptitudes artistiques supérieures à celles d'un adulte ?

C.A. – Il y a des plus et des moins. Je dois dire que je me rappelle Yehudi Menuhin jouant à douze ans les concertos de Bach, Beethoven et Brahms avec Bruno Walter — un concert fabuleux. Rarement j'ai entendu quelque chose de semblable. Mais des années plus tard, jouant à Bucarest des œuvres pour le violon seul, il était aussi merveilleux. Il avait alors quarante ou quarante-cinq ans. Le jeu était plus réfléchi, plus engagé. Mais la synthèse avec la spontanéité de l'enfance était accomplie.

J.H. – Jouant avec Walter, Menuhin vous a paru personnifier les côtés favorables de l'innocence enfantine ?

C.A. – Et seulement eux, dirais-je. La musique *émanait* de lui, tout simplement.

J.H. – C'est cela qu'on entend sur ses premiers disques, comme si la pensée consciente n'intervenait pas du tout. C'est très difficile de retrouver cela plus tard dans la vie.

C.A. – Oui. Il serait vain d'*essayer* seulement de le retrouver.

J.H. – Il faut acquérir une conscience de soi neuve.

C.A. – Exactement.

ÉTUDES AVEC KRAUSE
1913-1918

En 1911, quittant le Chili, Arrau donna des récitals à Santiago et, sur le chemin de l'Europe, à Buenos Aires, où il se fit applaudir aussi des salons fortunés. Sa mère, son frère et sa sœur faisaient le voyage avec lui. Une des sœurs de sa mère, Celina, rejoignit la famille à Berlin quelques années plus tard. Ses études avec Krause commencèrent en 1913 et ne devaient se terminer qu'avec la mort du maître, le 18 février 1918.

Martin Krause était né en 1853. Pianiste, il avait été l'élève du conservatoire royal de Leipzig, puis de Franz Liszt. Il fondait en 1885 la Société Liszt à Leipzig. Il semble n'avoir joué devant Liszt qu'en 1883, date à partir de laquelle il fut son élève et son compagnon constant. Environ 1900, quand il quitta Leizig pour enseigner au conservatoire de Dresde, il avait la réputation d'être un des premiers pédagogues et critiques d'Allemagne. Du conservatoire de Dresde il passa à Munich en 1901, puis au conservatoire Stern de Berlin en 1904.

Krause arrangea qu'Arrau pût entrer au conservatoire Stern quoiqu'il n'eût pas l'âge requis. Toutefois les leçons d'Arrau eurent lieu chez Krause même, dans la maison de qui chacun le regardait comme un membre de la famille, qui comprenait déjà quantité de filles et un seul fils (« un ténor sans carrière », à ce que rapporte Arrau), tous plus âgés que lui. Krause était divorcé.

Les photographies de Krause nous font voir un homme trapu aux yeux rapprochés, avec une moustache en croc et un bouc. Arrau se souvient de son énergie physique sous pression, de son rude accent saxon, de son sens de l'humour, de son caractère emporté.

Krause inculquait la ferveur à l'égard de la musique, un sens de la vocation. Il n'accepta pas de payement de la part des Arrau (un exemple qu'Arrau devait ultérieusement suivre avec ses propres élèves). Il ne laissait jamais oublier quels maîtres il avait lui-même eus, Liszt et Carl Reinecke. Il enseignait dans l'esprit d'une tradition à maintenir. Ses élèves constituaient à ses yeux une société d'apprentis.

Voici ce que dit une lettre de recommandation du 28 décembre 1914, signée de Krause :

> Claudio Arrau, jeune Chilien remarquablement doué, a fait sous ma tutelle les progrès les plus considérables comme pianiste. Il n'y a aucun doute qu'il soit destiné à atteindre les sommets absolus de la virtuosité. À présent qu'il travaille sous ma supervision personnelle, je peux voir avec quelle aisance il maîtrise ce qui coûte à d'autres de tels efforts. Il s'engage dans son art avec la totalité de son enthousiasme et de son âme, et c'est le facteur le plus important chez quelqu'un de son âge. Ce garçon est prédestiné aux ambitions artistiques les plus hautes, origine constante des plus hautes prouesses.

C.A. – En 1911, quand le Congrès chilien m'a eu attribué ma bourse, nous nous sommes tous embarqués à destination de Hambourg, ma mère, ma sœur, mon frère et moi. Le bateau prenait des passagers et des marchandises, et s'appelait le *Titania* — cela me revient à l'instant. Le voyage a été interminable, près de quatre semaines. J'étais très excité, terrifié aussi, parce que personne chez nous ne parlait un mot d'autre chose que l'espagnol, sauf ma mère qui parlait français. Mais pas d'allemand ! Ma mère n'était jamais sortie du Chili précisément. Elle a eu un courage fou.

Il y avait des gens pour nous prendre en charge à Hambourg, et de là nous avons gagné Berlin. Là, une dame chilienne qui savait ce qu'elle voulait décida que mon professeur avait à être Waldemar Lütschg. Il s'était fait une réputation comme pianiste, mais on n'imagine pas professeur plus assommant. Il dormait pendant les leçons. C'est lui qui a prétendu que je devais d'abord oublier tout ce que je savais, il ne me permettait que des exercices pour les cinq doigts. Pourtant la dame est restée ferme, et j'ai dû continuer avec lui toute une année, je crois bien. À la fin, ma mère a mis le holà.

J'ai rencontré alors mon deuxième professeur, un homme charmant, très intelligent, plein d'idées, un peu cinglé aussi, Paul Schramm, qui lui aussi avait un nom comme pianiste. Je l'aimais bien et il m'a appris beaucoup. Mais c'était irrégulier. Je suis resté un an avec lui aussi. J'avais le sentiment de ne pas progresser assez vite.

Après quoi j'ai connu Rosita Renard, une pianiste du Chili. À un certain moment, à New York, on prétendait qu'elle serait une autre Guiomar Novaes. Elles étaient à peu près du même âge. Quoi qu'il en soit, à Berlin, Rosita Renard travaillait avec Martin Krause, et nous avons fait sa connaissance. Ma mère lui a confié que je n'avais plus mon bel enthousiasme, que je ne m'exerçais plus aussi bien, et que nous rentrerions probablement au Chili, renonçant à la bourse. « Voyez d'abord Martin Krause », a-t-elle dit. Elle m'a emmené chez lui. Je l'ai aussitôt adoré. Mais il me faisait peur. Il était redoutablement sévère. Et il exigeait tant de moi. Tant ! Presque trop, il me semble. Quelques-uns de mes problèmes ultérieurs ont dû venir de là. À onze ans, je travaillais les *Études transcendantes* de Liszt ! Bien évidemment il me disait que je ne tenais pas ce que je promettais. Avec sa constante exigence, il me faisait brûler les étapes. Il me disait de bien penser que passé vingt ans on ne fait plus de progrès en technique. En vérité, je ne le crois pas.

J.H. – Vous vous rappelez votre première rencontre ?

C.A. – Et comment ! Je suis allé chez lui avec ma mère. J'avais un complexe d'infériorité, je ne me trouvais pas assez avancé pour jouer devant quelqu'un d'aussi illustre. Mais il a été si gentil. Un mélange de gentillesse et de sévérité. Je crois bien que je n'ai pas ouvert la bouche, j'étais bien trop intimidé. Lui n'a pas caché son enthousiasme. Il a dit à ma mère : « Cet enfant sera mon chef-d'œuvre. »

J.H. – Vous imaginez l'effet que ça a pu faire à Krause, qu'on vienne lui présenter un gamin de dix ans, débarqué du Chili ?

C.A. – Le fait est qu'il n'avait jamais eu affaire à un enfant prodige. Mais quelque part il a dû se dire qu'il s'arrangerait de moi. Peu de temps plus tard, vous savez, j'ai eu sous les yeux une carte postale qu'il adressait à Herrmann Scholtz de Leipzig, l'éditeur allemand de Chopin. Il lui avait écrit — ce n'est pas moi qui parle : n'allez pas croire à de la vantardise de ma part ! —, il avait écrit à Scholtz qu'à son sens j'étais le plus grand talent de pianiste depuis Liszt !

J.H. – Est-ce que Krause passait pour une terreur ?

C.A. – Tous ses élèves avaient peur de lui. Je me rappelle ces filles qu'on amenait lui montrer leur peu de talent. Il leur disait : « Mariez-vous donc, ma chère, mariez-vous ! » Et si on avait le trac, tout ce qu'il trouvait à dire, c'est : « Tenez-vous donc ! Un peu de tenue ! » Il était avare d'éloges. Il ne vous complimentait qu'en présence des autres.

Une expérience m'a fantastiquement marqué. Il m'a mis dans les mains trois études de Liszt — il me semble que c'était *Mazeppa, Eroica* et *Feux follets*. J'avais une semaine pour les apprendre. Évidemment, je n'étais pas prêt. Il m'a fait tout un sermon, que je pourrais faire mieux, que ce n'est pas ce qu'il attendait de moi, et ainsi de suite. J'ai couru me réfugier chez ses filles, en pleurant comme un malade. J'avais six ou sept mères chez Krause ! Toutes ses filles étaient encore à la maison, pas mariées.

J.H. – Vous passiez beaucoup de votre temps chez lui ?

C.A. – Oh oui. Nous habitions deux maisons plus loin. J'arrivais chez Krause à neuf ou dix heures chaque matin. Dans une des pièces de derrière, il y avait un piano droit. C'est là que je travaillais, sept ou huit heures chaque jour. Et il apparaissait, une fois, deux fois, trois fois, pour m'écouter travailler. Ensuite, dans la soirée, quand il en avait fini avec les autres élèves, il me donnait ma leçon. Chaque jour, une heure ou une heure et demie au moins. C'est là aussi que je prenais mes repas — quatre ou cinq par jour, parce que Krause ne me trouvait pas assez fort. Il décidait aussi de ce que je devais manger. Et nous allions marcher ensemble aussi, chaque jour, une demi-heure, une heure.

J.H. – Krause avait des méthodes pédagogiques particulières ?

C.A. – Il croyait qu'il fallait travailler les passages difficiles à des vitesses différentes, dans des rythmes différents, et des tons différents. Ensuite staccato, leggiero, martellato — toute sorte de formules. En fait, il nous a toujours dit qu'il ne fallait rien jouer en public à moins d'être capable de le jouer dix fois plus vite, et dix fois plus fort qu'au concert même — qu'il n'y a pas d'autre moyen de donner au public le sentiment de la maîtrise que de laisser deviner d'infinies réserves, en vitesse, en puissance. Des années durant, la première chose que j'ai eu à jouer chaque matin était la fugue de la *Hammerklavier,* parfois jusqu'à cinq ou six fois de suite. Toujours plus vite. De même pour certains préludes de Chopin, plus vite qu'il n'est écrit, et plus fort. Et les intervalles, toujours les yeux fermés. Quand aujourd'hui je vois des pianistes chercher leurs intervalles dans le deuxième mouvement de la *Fantaisie* de Schumann, je n'en crois pas mes yeux !

J.H. – Et la position de la main, le poids du bras ?

C.A. – Là, il me laissait assez libre. Au piano, voyez-vous, j'étais comme un chat. Je jouais d'instinct — absolument détendu. Aussi n'avait-il rien à me dire de bien précis sur les mouvements de la main ou du bras. J'ai dû tout trouver de moi-même. Il me disait parfois de ne pas me raidir, de laisser les articulations souples. Mais je ne crois pas qu'il m'ait jamais dit grand-chose sur l'utilisation du bras. J'ai remarqué pourtant que beaucoup de ses élèves ne levaient guère leurs bras.

J.H. – Krause donnait-il parfois des exemples au piano ?

C.A. – Jamais. Je ne l'ai jamais entendu jouer. Il ne donnait plus de concerts, et je ne pense pas qu'il ait jamais beaucoup joué. Il faisait tant d'autres choses. Il a fondé la Société Liszt à Leipzig. Ensuite, des années et des années, il a été le critique musical numéro un d'Allemagne. Tout le monde venait à Leipzig pour avoir une critique signée Krause. C'était avant son installation à Berlin.

J.H. – Quand vous êtes arrivé chez lui, son plus illustre élève était Edwin Fischer. Pourtant l'attitude de Fischer à l'égard de la fidélité textuelle est bien différente de la vôtre. Et comme technicien il n'était pas impeccable. Krause n'a pas dû faire tous ses élèves selon le même moule.

C.A. – Il encourageait chacun à s'épanouir dans sa propre voie. Une chose que je me rappelle bien de lui, c'est qu'il détestait les gens qui jouaient, un point c'est tout. « Sonnailles », disait-il. Et il insistait sur le fait qu'une culture de base est indispensable.

J.H. – Vous discutiez souvent avec lui de problèmes d'interprétation ?

C.A. – Tout le temps. J'ai toujours suivi son avis. Tout ce qu'il disait était stimulant, et me donnait une base à partir de laquelle chercher. Il avait entendu Brahms, Clara Schumann, Carreño, Busoni, Sophie Menter. Et naturellement Liszt. Il pouvait parler de la façon dont Liszt brisait ses accords, de son trille. Il nous a montré plusieurs façons de briser l'accord : commencer lentement, en accélérant à l'approche de la note la plus haute; ou en faisant un crescendo sur l'aigu; ou un diminuendo; ou librement, avec rubato. La seule règle était que l'accord brisé tire son sens et sa justification de ce qui précède.

J.H. – Et les trilles ?

C.A. – La vitesse du trille est une chose sur quoi plus personne n'a d'idée définie. La vitesse d'un trille est en rapport direct à la *Stimmung* — l'atmosphère. Une fois, alors que je jouais les concertos de Beethoven avec Klemperer à Londres, nous en sommes arrivés à ce petit trille dans le deuxième mouvement de *L'Empereur,* à la mesure vingt-cinq. « Qu'est-ce que vous êtes en train de *fabriquer ?* », a dit Klemperer. « Je ne fais que jouer le trille comme je crois qu'il faut le jouer. » « *Un trille est un trille !* » Son idée était que tout trille doit être rapide. C'était très étonnant, car c'était un grand artiste.

J.H. – Je vous ai aussi entendu dire que Krause enseignait le vibrato digital qui était propre à Liszt.

C.A. – Il nous a appris à utiliser le *Bebung,* l'effet de tremblement. Tous les élèves de Liszt le faisaient. Je m'en sers dans les *Sonnets de Pétrarque* et la sonate *Dante.* Il y avait toute sorte de choses que Krause nous montrait. La pédale. Au commencement du Quatrième Concerto de Beethoven par exemple. Ne pas jouer l'accord et mettre la pédale ensuite, mais la pédale d'abord, et ensuite seulement frapper l'accord. C'est terriblement important, la sonorité est tellement différente. Et pour les longues pédales chez Beethoven, dans la sonate en *ré* mineur par exemple, recourir à un vibrato très rapide de la pédale. Je le fais dans le mouvement lent du concerto en *ut* mineur, et dans la coda du premier mouvement du Quatrième.

J.H. – Vous avez dit que Krause vous faisait jouer la totalité des préludes et fugues du *Clavier bien tempéré* dans différents tons.

C.A. – Oui. Devant tous les autres élèves du conservatoire, il essayait qui serait capable de transposer, et en général dans un ton très éloigné de l'original, pas tout simplement un ton ou un demi. Il insistait aussi pour que nous apprenions par cœur les voix séparées. Bach était une des bases de son enseignement. En ce temps-là, évidemment, personne ne mettait en doute la légitimité de Bach au piano. Il n'y avait pas d'autre façon. Wanda Landowska n'avait pas encore fait son chemin.

J.H. – Quelle était l'orthodoxie de Bach au piano, à l'époque ? S'accordait-on, par exemple, sur l'utilisation de la pédale ?

C.A. – Très peu de pédale. Presque pas de pédale. Krause voulait préludes et fugues très propres, et dans des tempos lents. Les fugues presque métronomiques. Mais il insistait sur la dynamique dans le phrasé — faire ressortir certaines voix, et ainsi de suite.

J.H. – Pourtant Fischer jouait Bach avec pas mal de pédale. C'était sa propre idée ?

C.A. – Oui. Et Furtwängler aussi. Quand il tenait la partie de piano dans le cinquième *Brandebourgeois,* il utilisait toutes les ressources du jeu moderne. C'était très beau. Et le Bach de Busoni était encore tout autre chose. Krause avait une admiration illimitée pour Busoni, vous savez. Il existe une photo de Busoni avec une merveilleuse dédicace à Krause. Il le remercie pour ainsi éveiller les jeunes talents.

J.H. – Travailler Bach de la sorte a dû développer l'écoute polyphonique qui est un des caractères qu'on vous reconnaît.

C.A. – C'est tout à fait sûr. C'est ce qu'on appelle aujourd'hui « voix médianes » *(il rit).* Vous savez Hoffmann, et son élève Shura Cherkassky, d'autres encore — il y a eu un moment où ils ont même *découvert* des voix médianes. Comme si personne ne les avait vues avant !

J.H. – Est-ce qu'il n'y a pas une différence entre Hoffmann et Cherkassky faisant ressortir occasionnellement une voix secondaire pour produire un effet de texture, et la capacité de les repérer tout le temps ?

C.A. – Tout le temps, oui. Je me fâchais tellement quand j'entendais Hoffmann, ou Shura, faire ressortir de ces voix secondaires plus que secondaires ! Pourquoi faisaient-ils cela ? Simplement pour attirer l'attention.

J.H. – Et votre répertoire avec Krause ? Estimait-il certains morceaux essentiels à un certain stade d'un développement ?

C.A. – Il croyait au développement et il le programmait. Mendelssohn pour commencer, par exemple ; une des premières choses que j'ai apprises avec lui est le concerto en *sol* mineur de Mendelssohn. Il était contre le fait de travailler trop tôt les concertos de Mozart. Et le concerto de Schumann. Il faisait travailler le concerto de Henselt comme préparation à ceux de Chopin. Bien entendu, Beethoven était essentiel. Mais il estimait qu'il faut *d'abord* avoir joué Hummel, Moscheles. Je me rappelle que le premier concerto que j'ai joué avec orchestre était le *la* mineur de Hummel.

J.H. – Quelles sonates de Beethoven avez-vous étudiées avec Krause ?

C.A. – Il ne voulait pas qu'on joue trop tôt les dernières. Il ne m'a jamais permis de jouer l'opus 111. J'ai travaillé avec lui l'opus 101 et l'opus 109, mais il ne m'aurait pas laissé les jouer en public. Il estimait qu'on doit jouer assez jeune le Beethoven du milieu, par exemple la *Waldstein*, l'*Appassionata*. Elles, il ne les trouvait pas trop difficiles. Quant à mon idée, que Schubert est l'ultime problème pour l'interprète, elle me vient de lui.

J.H. – Et Brahms ?

C.A. – Il ne me permettait pas de travailler les concertos. Mais les *Variations Paganini* sont une des premières choses qu'il m'ait données. Je me rappelle les avoir jouées au conservatoire. Il voulait que les élèves me voient, parce qu'ils se plaignaient de ne pas y arriver.

J.H. – Les *Paganini* vous semblaient paralysantes ?

C.A. – Non. Elles ne m'effrayaient pas.

J.H. – Il y a des morceaux qui vous intimidaient alors ?

C.A. – *Mazeppa*, parce que Krause n'avait pas été content la première fois que je le lui ai joué. *Mazeppa* m'a fait peur plus d'une fois dans ma vie. En fait, j'ai même eu en l'enregistrant des difficultés qu'autrement je n'aurais pas eues. Il m'a fallu tout un petit travail psychologique *(il rit).*

J.H. – Krause vous guidait aussi dans votre éducation générale, n'est-ce pas ?

C.A. – Oh oui, il choisissait mes répétiteurs une fois décidé le fait que je n'irais pas à l'école. J'en avais en français, en anglais... Je ne crois pas que mon éducation générale ait été sacrifiée. J'étais nul en mathématiques, mais très bon en histoire. Krause m'amenait au musée. Il choisissait les opéras que j'allais entendre.

J.H. – À quel degré a-t-il été pour vous un père ?

C.A. – Il a représenté *la* figure du père dans mon développement psychologique — pour le meilleur et pour le pire, comme il arrive avec la figure du père. Mais il ne m'a pas fait de mal. Il aurait pu.

J.H. – Vous voulez dire, dominateur comme il était ?

C.A. – Oui. L'autorité était toujours apparente. Il me faisait trembler.

J.H. – Comment l'appeliez-vous ?

C.A. – « Monsieur le Professeur. » Toujours. Toutes ses filles ont souffert de son autorité dévorante. L'une est devenue actrice, quelques-unes ont fait de la musique, aucune n'est vraiment arrivée à quelque chose.

J.H. – Comment imaginez-vous que Krause vous voyait ? Qu'étiez-vous pour lui ?

C.A. – Il était déjà très fatigué. Je suis sûr qu'il aurait aimé s'arrêter d'enseigner. Mais il a dû se dire : il y a là un matériau si malléable. On peut vraiment en faire quelque chose.

CARRIÈRE VEUT DIRE COMBATS
1918-1927

Krause le guidant, Arrau fit une assez remarquable carrière d'enfant prodige. Ses débuts officiels à Berlin eurent lieu en 1914. En 1915 lui fut décerné le prix Gustav Hollander réservé aux jeunes artistes et il remporta le concours Ibach, où il se souvient d'avoir été le seul concurrent enfant.

Comme le montre la presse allemande de l'époque, Arraud avait un nom. Il jouait devant des salles pleines. On jugeait sa maîtrise technique stupéfiante et ses dons d'interprète très prometteurs. On le disait né en 1904, le rajeunissant d'un an.

Sa première apparition devant le public de Berlin se fit à l'occasion d'une audition d'élèves organisée par Krause. C'est ainsi qu'en 1914 les élèves de Krause présentèrent en public l'intégrale du *Clavier bien tempéré* en quatre concerts. La critique releva le nom d'Arrau très à part. L'*Allgemeine Musik-Zeitung* écrivait : « Une mention particulière pour Claudio Arrau, un merveilleux garçon de dix ans à peine, qui joua les préludes et fugues qui lui étaient dévolus avec une assurance et une personnalité très remarquables. On s'émerveille autant du savoir de ce futur D'Albert et de sa technique. Comme il articule ! Le jeu est d'une clarté, d'une lisibilité, limpides. Ce n'est pas l'assiduité qui produit de tels résultats. C'est d'abord un splendide don naturel. »

Pour son premier récital, à la Künstlerhaus, le 10 décembre 1914, Arrau inscrivait à son programme les préludes et fugues en *fa* majeur, en *fa* dièse majeur et en *sol* mineur du deuxième cahier du *Clavier bien tempéré ;* les variations sur un thème russe de Beethoven, la sonate de Hitler en *si* bémol mineur, la romance en *si* bémol mineur de Henselt et son étude en *fa* dièse, deux préludes et une *Légende* de Gernsheim, la valse en *la* bémol op. 42 de Chopin et la *Rhapsodie hongroise* n° 11 de Liszt. « Le jeu du gamin est aussi frais et engageant que sa mine, relevait Paul Geyer dans *Der Reichsbote.* Il ne joue pas la précocité, mais ne présente que des pièces entièrement maîtrisées, de l'intérieur comme de l'extérieur. C'est ce qui rend son jeu si convaincant. On parlera de Claudio Arrau. » D'autres critiques parlent solidairement de la maîtrise digitale de l'enfant et de sa modestie, de sa pureté musicale.

Deux mois après ce début, Arrau présenta un deuxième récital. On refusa du monde à la Künstlerhaus. Le programme se composait cette fois de la suite de Haendel en *ré* mineur, de la sonate en *ré* majeur de Mozart K. 576, du *Rondo brillant* en *mi* bémol de Weber, d'un des *Moments musicaux* de Schubert (en *ut* dièse mineur), du *Capriccio* en *mi* mineur de Mendelssohn, de quatre pièces de Giovanni Sgambati, enfin de l'étude *Paganini* n° 5 et *La Leggierezza,* de Liszt. Voici ce qu'en dit le critique de l'*Allgemeine Musik-Zeitung :*

> Entendre jouer cet enfant d'onze ans est un réconfort. Aucune trace en lui d'une culture en serre chaude. De la façon la plus saine et naturelle, avec le ton direct qu'on peut attendre d'un enfant, mais avec en même temps les marques du plus incontestable talent, le charmant garçon nous a joué Mozart, Weber, Schubert et Mendelssohn. Le professeur Martin Krause, dont il faut louer le discernement pédagogi-

que, n'autorise à l'enfant que des musiques qu'il puisse maîtriser tant en termes d'intelligence qu'en termes de doigts. Pas d'*Appassionata*, pas de sonate de Chopin. Cet enfant si naturel, si imprégné de culture allemande, me semble devoir devenir un artiste considérable.

Écoutons la *Vossische Zeitung :*

> Également stupéfiants la propreté de la technique, le sens des gradations de couleurs, la conception musicale de base. Nulle trace, avec cela, de cette fatale précocité qui gâte le jeu de tant de prodiges. Quoique l'exécution soit phénoménale, elle demeure juvénile, naïve, sans empois. Tout le programme a été très bien joué. Dans Mendelssohn on n'aurait pu faire mieux. L'admiration du public enchanté ne s'est pas seulement manifestée par les bouquets et couronnes habituels, mais aussi par des boîtes de bonbons apportées sur l'estrade par des mains aimantes.

Le programme d'Arrau à la Beethovensaal le 3 novembre 1916 le montre s'attaquant à des œuvres plus exigeantes : outre les morceaux de Bach, Haydn, Mozart, Gernsheim, il y inscrit *Les Adieux*, de Beethoven, les variations ABEGG de Schumann, la *Rhapsodie espagnole* de Liszt. Les critiques rapportent que l'artiste de douze ans, diversement décrit comme « le génie inné du piano », « le petit titan du piano » et « l'homme miracle », se vit « assiégé de demandes de bis ».

Deux concerts du début de 1918 sont particulièrement intéressants. Le 14 mars, Arrau participait à un « Concert de l'Élite » où son nom s'inscrivait aux affiches en mêmes caractères que ceux de Joseph Schwarz et d'Elena Gerhardt, deux des plus importants chanteurs du moment — pas comme leur accompagnateur, mais jouant deux groupes de solos. Son récital du 11 mars à la Beethovensaal comportait deux préludes et fugues de Bach, les variations *Eroica* de Beethoven, trois impromptus de Schubert, le *Nachtfalter* de Strauss-Tausig, le *Mazeppa* de Liszt, et les variations et fugue sur un thème original, de Georg Schumann. Rendant compte du concert dans le *Tageblatt und Handels-Zeitung* de Berlin, Leopold Schmidt donne une description de la sonorité typique d'Arrau qui reste pertinente plus d'un demi-siècle plus tard : « Son don pour le piano est singulier. Il laisse apparaître un timbre robuste qui ne se conforme pas à l'actuelle mode de coquetteries et de maniérismes, et qui dans la nuance *forte* est susceptible de la plus remarquable intensification dynamique sans rien perdre de sa clarté et de sa pose de voix. » Arrau se voit assigner une place au premier rang des pianistes de la génération montante, avec une mention spéciale pour « sa modestie charmante, presque celle d'un enfant ». La plus considérable carrière lui était prédite.

Mais trois semaines plus tôt Krause venait de mourir. N'importe son triomphe : Arrau était bloqué net. Il se trouva de moins en moins invité à jouer en Allemagne : et en même temps que sa carrière, c'est sa confiance qui périclitait.

Dieu merci, sa mère, sa sœur, sa tante continuaient à l'entourer d'une atmosphère sécurisante. Outre son talent, l'innocence souvent mentionnée était de nature à intéresser de nombreux bienfaiteurs. Les photographies de l'époque nous font voir un adolescent d'une douceur et d'une réserve rares, au charme presque trop attirant.

Arrau nomme une des filles de Krause, Jennie, comme une influence d'un tact remarquable sur son développement après la mort de son maître. Cependant, mis à part sa famille, c'est auprès du Dr Leo Barcynski qu'il trouva le plus vrai secours. Barcynski, médecin devenu un chanteur d'opéra, croyait en Arrau. Il allait au devant de ses besoins, le guidait dans ses goûts (c'est lui qui lui fit découvrir l'art primitif). Arrau et sa sœur se souviennent de lui comme d'un homme sage et chaleureux.

Peu à peu le choc de la mort de Krause s'estompa et le nom d'Arrau recommença à être connu en Allemagne. Un des résultats fut sa tournée américaine de 1923-1924. Malheureusement ce fut un échec : Arrau et sa mère se retrouvèrent isolés à New York sans un sou. De retour à Berlin (les pianos Baldwin avaient payé son rapatriement) Arrau se résolut à essayer la psychanalyse. On ne prenait pas ce genre de parti aussi facilement qu'aujourd'hui, en 1924. Mais Arrau ne sortait pas de son dilemme. Sa carrière, commencée sous de si brillants auspices, et qui aurait pu aller de soi, sombrait dans l'incertitude. Retiré, peu mondain, Arrau n'avait en rien l'assurance et le brio sociaux qui lui auraient permis de regagner les relations que la mort de Krause lui avait fait perdre. Sa bourse, constamment renouvelée par le gouvernement chilien, expirait définitivement en 1921. De surcroît, 1923 était en Allemagne l'année de l'inflation galopante, quant il fallait un trillion de marks pour faire un dollar. La faim régnait. Les Français occupaient la Ruhr. Hitler mobilisait ses sections d'assaut à Munich. C'est là l'Allemagne à laquelle Arrau, meurtri par son aventure américaine, retournait. Se sentant une mère, une sœur et une tante à sa charge, il essayait de multiplier les leçons particulières. Le moment vint (il ne se souvient pas quand exactement) où il fallut vendre les bracelets et colliers donnés en cadeaux par les personnes royales du temps des concerts dans les Cours, aux jours de gloire avec Krause.

C'est à ce moment qu'entre dans la vie d'Arrau le Dr Hubert Abrahamsohn, psychanalyste de Düsseldorf qui, en presque un demi-siècle d'amitié, allait devenir pour Arrau, selon ses termes mêmes, « partie gourou, partie père, partie frère aîné ». Les amis d'Abrahamsohn se souviennent de lui comme d'un homme trapu aux mains délicates, aux façons réfléchies, avec un peu l'air d'un bouddha. Arrau évoque la « merveilleuse sérénité » de son visage. À sa façon paternelle, Abrahamsohn, sans enfant et l'aîné d'Arrau de treize ans, pouvait se montrer sévère. Comme Barcynski, il avait foi en Arrau comme artiste. Il s'y entendait en musique, assistait à ses concerts, et ses critiques étaient constructives. Comme Krause avait dit « Cet enfant sera mon chef d'œuvre », ainsi Abrahamsohn s'accomplit lui-même à travers Arrau : si pour Krause il fut l'élève hors concours, pour Abrahamsohn il fut le patient hors concours. À la déclaration de guerre, Arrau procurera un visa chilien à Abrahamsohn qui s'établira à Santiago, puis New York avant de retourner en Allemagne. Encore après la guerre, Arrau gardera contact avec lui, même comme patient. Il mourut en 1973.

Pour Arrau la psychanalyse est comme la musique : non pas un apaisement de la tension émotionnelle, mais une redistribution. Ses défis d'artiste les plus hauts laissent apparaître des étincelles — comme la trace d'une anxiété qui flambe. Au pire, il annulera un concert. En coulisses, le drame de l'annulation pourra être pénible. Un exemple extrême : en 1955 Arrau avait programmé quatre concerts au Town Hall à l'occasion du bicentenaire de Mozart, devant comprendre la totalité des sonates, les quatre fantaisies, les deux Rondos, plus neuf séries de variations et autres. Mozart ou pas Mozart, une large proportion de ce répertoire est peu connu. Des sonates elles-mêmes, Arrau n'avait pas rejoué plus qu'une moitié depuis un cycle complet à Berlin dans les années trente. À la maison, à Douglaston, il polissait et repolissait, s'exerçant avec des marteaux surchargés pour obtenir de ses doigts l'articulation la plus claire possible. Son élève Philip Lorenz se souvient de lectures cursives de programmes entiers : « On n'aurait pu imaginer que des doigts soient capables d'une telle activité. C'est un genre de travail que je ne lui avais jamais vu faire auparavant, avec les doigts retirés loin en arrière avant d'attaquer la touche. Et il utilisait une espèce de staccato volant qui était simplement miraculeux — jetant ses bras et ses mains sur les touches comme s'il secouait de l'eau du bout de ses doigts. Les ornements aussi étaient incroyables — si rapides et en même temps si exacts. » Mais alors, peu de temps avant le début de la série de concerts, la mémoire d'Arrau commença à lui jouer des tours : les sonates du commencement se mélangeaient les unes aux autres. Un mois à l'avance, Arrau annonça qu'il laisserait de côté douze morceaux de son intégrale : pourtant chacun des quatre programmes durerait encore plus de trois heures. Ensuite le premier récital fut remis. Enfin, troisième annonce : la série entière était annulée.

Environ le même temps, les concertos de Mozart, toujours fragiles, apportèrent aussi leur part de troubles. En 1953 Arrau eut peur de ne pas aller au bout d'un concerto en *si* bémol K.595 avec Howard Mitchell et le National Symphony. L'avis d'Abrahamsohn fut qu'il joue quand même. « Je jouerai, si vous m'accompagnez à Washington », fut la réponse d'Arrau. Avec Abrahamsohn dans les coulisses, il put aller au bout du concerto sans anicroche. Mais un cycle de concertos de Mozart programmé pour 1956 ne put se réaliser, et un *ut* mineur avec Josef Krips à Édimbourg en 1958 laissa un goût amer, l'orchestre exécutant les ornements autrement qu'Arrau. Il maintint sur sa liste de programmes cinq concertos de Mozart (K.466, K.467, K.488, K.491 et K.595), mais « seulement avec deux ou trois répétitions ». Ses dernières exécutions publiques de concertos de Mozart eurent lieu en 1964, quand il joua le *si* bémol K.450 et le *ré* majeur K.451 avec le Boston Symphony et Erich Leinsdorf à Tanglewood, et le K.450 au festival Casals de Porto Rico.

C.A. – La mort de Krause a été pour moi un choc terrible. Il me sembla que je vivais la fin du monde. Je me sentais abandonné. Continuer à jouer m'était impossible. Et il fallait que je me batte contre toutes ces femmes, qui me pressaient d'aller trouver Schnabel, ou Dieu sait qui d'autre, sous prétexte qu'à mon âge je ne pouvais rester sans professeur. Comme si à quinze ans j'étais incapable d'assumer mon propre développement. Mais j'ai tenu bon. Je pensais le devoir à Krause comme une fidélité. C'était un peu puéril, cette fidélité. Mais j'avais peur de me trouver perdu, avec un autre professeur. En fait j'avais le sentiment que tout ce qu'un professeur peut donner, Krause me l'avait donné, et qu'il m'appartenait de l'assimiler en profondeur et d'aller de l'avant tout seul. Bien sûr je me serais senti plus à l'aise avec une figure du père de rechange !

J.H. – Vous avez pleuré Krause longtemps ?

C.A. – Oh oui. J'étais désespéré. Ç'a été le pire moment de ma carrière. Tout le monde se défiait des enfants prodiges. Et vous savez comment sont les Allemands : une fois qu'ils se sont mis quelque chose dans la tête, ils n'en démordront plus. Le combat que j'ai dû mener contre le public ! Les gens disaient que je ne tenais pas ce que j'avais promis.

J.H. – Vous avez pensé à abandonner ?

C.A. – À un moment, oui. Au moment de cette difficile transition entre le jeu intuitif et la maîtrise consciente, oui, j'ai pensé abandonner. Mais ça n'a pas duré. C'était trois ou quatre ans après la mort de Krause.

J.H. – Du vivant de Krause, votre carrière était établie ?

C.A. – Comme enfant prodige, j'ai eu une carrière fantastique. Krause ne me permettait pas plus de quinze ou vingt concerts par saison. Mais j'ai joué partout.

J.H. – Desquels vous souvenez-vous plus particulièrement ?

C.A. – J'ai joué avec Nikisch à Dresde, je devais avoir douze ans. Et c'était un test, parce que Nikisch avait horreur des prodiges. Mais après la première répétition il a été charmant. Krause m'a fait jouer un peu partout dans les

Cours européennes, pour le roi de Saxe, le roi de Wurtemberg, la famille royale de Bavière, la reine de Roumanie, le roi et la reine de Norvège. Sans compter une quantité de Cours secondes en Allemagne.

J.H. – Krause mort, le nombre des engagements a diminué ?

C.A. – Oui. C'est lui qui me procurait la plupart de mes concerts, par ses relations. Ensuite l'Allemagne m'a été presque fermée. On m'offrait des concerts dans des pays secondaires, la Finlande, la Norvège, la Bulgarie, la Yougoslavie. On me payait très peu. Mais je jouais, et j'avais partout un formidable succès. Je pouvais ainsi me dire que je portais en moi quelque chose qui n'était pas sans valeur. Mais j'avais peur de jouer en Allemagne. J'aurais tant aimé qu'on fasse appel à moi, qu'on m'engage. Mais cela ne s'est pas fait.

J.H. – Et vous ne vouliez pas pousser les choses.

C.A. – Je n'ai jamais été quelqu'un qui pousse. Je n'aurais pas su y faire.

J.H. – Vous avez fait votre début avec la Philharmonie de Berlin en 1920. Muck dirigeait. Vous avez joué la *Wanderer Fantaisie* de Liszt-Schubert. Comment cela s'est-il fait ?

C.A. – Je ne me rappelle pas exactement. Ça s'est bien passé, mais le choix de la *Wanderer* pour des débuts était curieux. Les gens avaient une telle prévention à l'égard des transcriptions. Mais je n'avais pas le choix. C'était ça ou rien.

J.H. – D'autres concerts de cette époque ont dû compter pour vous. Vous avez fait vos débuts à Londres en 1920 avec les *Variations Goldberg*. Et quelques semaines plus tard vous paraissiez à l'Albert Hall au même programme que Nellie Melba.

C.A. – Oui, avec grand succès. Melba a trouvé que j'avais eu assez de rappels comme cela après ma *Rhapsodie espagnole.* Elle est venue me trouver en coulisses et m'a dit : « C'est assez comme ça, jeune homme. » Et elle m'a empêché de retourner saluer. Les *Variations Goldberg,* c'était à l'Aeolian Hall. Au même programme j'avais du Scarlatti. Curieuse combinaison !

J.H. – Et vous avez gagné le prix Liszt en 1919 et en 1920. Cela vous a aidé ?

C.A. – Un petit peu. Et aussi un prix qui était en renom à l'époque, le prix Schulhoff.

J.H. – Vous n'aviez pas besoin d'engagements pour votre carrière seulement, mais pour vivre ?

C.A. – Absolument. De même mes premiers disques. Vous savez, parfois, ils me faisaient raccourcir un morceau, c'était horrible. Mais il me fallait l'argent. Sinon nous crevions de faim.

J.H. – Un événement dont la portée semble avoir été entièrement négative, c'est votre tournée en Amérique. Vous aviez vingt ans.

C.A. – C'était en 1923-1924. Je commençais alors à faire mon chemin. Le manager Wolfsohn, un des grands organisateurs de concerts, est venu à Berlin entendre et engager la chanteuse Claire Dux. Elle était très célèbre en Allemagne. Il m'a entendu moi aussi, en concert. Il a été impressionné, et m'a engagé pour vingt concerts *(il rit).* À mon arrivée, j'ai dû donner deux récitals, un à Carnegie Hall et un à l'Aeolian Hall. Wolfsohn avait loué les salles, mais à mes frais. C'est moi qui ai dû tout payer. Après j'avais deux engagements importants, avec les orchestres de Boston et de Chicago. Wolfsohn comptait sur une presse écrite sensationnelle. La presse a été bonne, sans plus. Si bien qu'il m'a laissé tomber, dans une absolue panade, avec ma mère. La firme Baldwin, — ils ont été merveilleux pour moi. Malgré mon peu de concerts, ils ont décidé de me donner un défraiement mensuel. Les choses qui pouvaient arriver en ce temps-là ! Je suis rentré à Berlin et suis allé voir le bonhomme qui avait négocié avec Wolfsohn, — Norbert Salter, un autre illustre manager. « Comment ça a marché ? — Un fiasco. S'il n'y avait pas eu Baldwin, je n'aurais pas su comment revenir. » Sur quoi il est entré en fureur et m'a dit que j'aurais à lui payer les commissions des concerts que je n'avais pas donnés ! Je lui ai répondu : « Désolé. Faites-moi mettre en prison, mais je n'ai rien. — Je vais réfléchir à la chose », fut sa réponse. Et il m'appela ensuite pour me dire : « Très bien. Vous allez donner à ma fille des leçons jusqu'à concurrence de ce que vous me devez. » J'ai dû lui donner des leçons des années. Et c'était une bonne femme répugnante.

J.H. – Comment ont marché les concerts à New York, Boston, Chicago ?

C.A. – J'ai vraiment joué aussi bien que je pouvais. Et mes programmes étaient fantastiques. J'ai fini à Carnegie Hall avec la fantaisie de Liszt sur *Don Giovanni*. Et très bien, autant que je puisse m'en souvenir. À Boston, j'ai joué le *fa* mineur de Chopin avec Monteux. Et à Chicago le *sol* mineur de Mendelssohn et la *Rhapsodie espagnole* de Liszt dans la transcription de Busoni pour piano et orchestre.

J.H. – Je vous ai apporté des critiques de vos deux premiers concerts de New York.

C.A. – Formidable !

J.H. – Elles sont courtes, je vais vous les lire. Titre de la première : « Claudio Arrau entendu » :

Tapi bas devant son piano de concert, Claudio Arrau, pianiste formé tant à Santiago du Chili, sa ville natale *(sic)* qu'à Berlin depuis 1911, invitait à des comparaisons à Carnegie Hall hier lors de cette épreuve suprême : des débuts nord-américains. Le jeune artiste a beaucoup joué en Europe et donné des programmes Bach à Berlin. Il s'est présenté pour la circonstance dans la sonate op. 31 n° 3 de Beethoven, des groupes de Chopin et de Debussy, et la fantaisie sur *Don Juan* de Liszt, plus une valse de Chopin et une rhapsodie de Liszt en bis.

M. Arrau est un musicien non sans quelques maniérismes, lesquels contribuent du reste à l'individualité du style. Il vise à la clarté et à la légèreté, comme en témoigne l'op. 31/3 de Beethoven, jamais tonitruant ; et à la grâce mélodique, comme dans son nocturne op. 48 n° 1 de Chopin, qui gagne en délicatesse de teintes ce qu'il sacrifie en dramatisme de contrastes. Particulièrement remarquables furent les Debussy, *Reflets dans l'eau, Feux d'artifice* et *Minstrels,* qui désignent l'interprète en toute modestie comme quelqu'un qui, mis en face de la musique de son temps, trouve quelque chose à y dire et dispose des moyens techniques et émotionnels pour le dire.

Voilà toute la critique. Et maintenant « Claudio Arrau donne un récital » :

Claudio Arrau, le pianiste chilien, a donné hier après-midi son second récital à l'Aeolian Hall, jouant trois fugues de Bach, *Les Adieux* de Beethoven, et des groupes de Chopin et de Debussy. Ensuite venaient la *Rhapsodie espagnole* de Liszt et la fantaisie de Busoni sur *Carmen,* en hommage tant à son origine qu'à son éducation berlinoise. Ce n'est pas d'aujourd'hui que la culture chilienne regarde vers l'Europe centrale, aussi sûrement que le Brésil de Guiomar Novaes regarde vers Paris. M. Arrau est personnellement un interprète sensible, aux nuances dynamiques subtiles, un peintre de la sonorité, qui peut charmer avec un nocturne de Chopin ou les *Jardins sous la pluie* de Debussy aussi naturellement qu'il le fait avec les rythmes espagnols, qui lui sont innés.

C'est une chose curieuse qu'une critique comme l'autre mette l'accent sur la clarté et la légèreté du jeu. Ce n'est pas la première chose qu'on soulignerait aujourd'hui.

C.A. – Peut-être étais-je toujours sous le coup du blocage émotionnel. Bien des gens me trouvaient froid, ou quelque chose de semblable. D'un autre côté je me souviens très bien que la fantaisie *Don Giovanni* avait le vrai panache que j'y mettais à l'époque. Je me souviens que le pianiste Borovsky est venu me trouver après le concert après la fantaisie *Don Giovanni* et m'a dit que techniquement on ne *pouvait* pas jouer mieux. Et d'autres encore. Nyiregyházi — lui aussi est venu à ma loge, très enthousiaste. Je crois surtout que c'est les critiques qui sont restés froids.

J.H. – Vous devez avoir été assez abattu quand vous avez lu les comptes rendus.

C.A. – Je n'en croyais pas mes yeux. Je me rappelle que je me suis dit : Mais de qui sont-ils donc en train de parler ? Il doit y avoir une *erreur*. Naturellement on m'a avancé comme explication qu'il n'y avait pas eu de publicité du tout. Que personne ne savait que j'étais quelqu'un en Europe. Pas un débutant.

J.H. – C'est à ce moment que vous avez décidé de vous soumettre à une analyse ?

C.A. – Oui. J'y avais déjà plus d'une fois pensé. Et j'ai fait la connaissance de cet homme merveilleux, le Dr Abrahamsohn. Il avait une passion pour la musique. Il habitait Düsseldorf. Je ne sais pas où j'ai trouvé l'argent. Je crois que j'ai emprunté. Mais en 1924 je suis allé à Düsseldorf deux ou trois mois au moins. Je crois bien que j'allais le voir chaque jour, ou tous les deux jours. Et il ne m'a jamais demandé un sou. Le cas l'intéressait.

J.H. – C'est évident. L'enfant prodige !

C.A. – C'était un geste tout à fait hors du commun, en ce temps-là, aller chez un psychiatre. On le cachait, on n'en parlait pas. Mais depuis un certain temps j'avais le sentiment que je ne jouais pas selon mes possibilités innées. Quelque chose interférait quelque part. Plus d'une fois il m'arrivait de m'empêtrer dans des passages que j'aurais pu jouer les yeux fermés. Il y avait en moi quelque chose qui faisait obstacle au fait de jouer, de me produire en public.

J.H. – Et quelle a été la réponse du Dr Abrahamsohn ?

C.A. – Oh il est remonté à mon enfance, naturellement. Pour un enfant, voyez-vous, s'en aller jouer devant une assistance de deux mille personnes, c'est tout simplement contre nature. Et combien d'enfants, parce qu'ils ne se sentent pas à l'aise, se réfugient dans l'échec. À mesure que je grandissais je trouvais plus embarrassant d'être le centre d'intérêt. Avant de pouvoir jouer, il faut apprendre à vouloir jouer. Je ne dis pas à cent pour cent, ça, on n'y arriverait jamais. Mais disons à quatre-vingt-dix pour cent. Au-dessous, on risque la catastrophe.

J.H. – C'était cela, la clé ? Être vraiment sûr de vouloir jouer en public ?

C.A. – En partie, oui. D'un autre côté, je n'ai jamais sérieusement mis en doute que j'étais né pour jouer. Il faut toujours voir les deux côtés des choses. Mais le fait que j'aie mené une vie si peu normale a évidemment accru mes difficultés psychologiques. Je me sentais quelque chose comme un rejeté.

J.H. – Vous alliez souvent voir les filles de Krause. Vous avez continué quand il a été mort ?

C.A. – Oh oui. De merveilleuses amies. Elles étaient toutes

plus âgées que moi. J'ai grandi entre je ne sais combien de femmes. Ma mère, ma sœur, ma tante. Et plus loin dans la rue, les filles de Krause. Je me demande parfois : comment j'ai fait pour devenir un *homme ?* Et un artiste autonome ? Je me dis parfois qu'un miracle a dû arriver.

J.H. – À l'époque où vous avez commencé votre traitement, vous fréquentiez des amis de votre âge ?

C.A. – Bien peu que j'aie pu appeler des amis.

J.H. – Vous évoquez souvent cette transition d'un jeu intuitif à une maîtrise consciente. Est-ce une idée qu'Abrahamsohn vous a fait approfondir, pour vous fixer un but dans votre travail ?

C.A. – Tout à fait. Je savais qu'une considérable partie du travail devait m'incomber à moi-même. Jamais je n'ai voulu m'en remettre totalement à l'analyste, me décharger sur lui, comme tant de gens font.

J.H. – Votre rapport à la musique a changé alors ?

C.A. – Oui. L'analyse m'a fait comprendre que l'inhibition qui m'empêchait de donner mon maximum était liée à la vanité. Je voulais plaire. Et j'avais peur de ne pas plaire. Abrahamsohn a travaillé sans répit sur cette idée-là. Comme il avait raison. Autant vous perdez en vanité, autant vous gagnez en créativité. Il faut arriver au point où on trouve le courage de déplaire, comme le compositeur l'exige parfois. Il y a des endroits où Beethoven est carrément brutal.

J.H. – Par « vanité » on entend habituellement la prétention, l'excès de confiance en soi. Vous voulez parler plutôt, semble-t-il, d'une sorte de timidité — « vanité » au sens où on s'inquiète de l'opinion des autres, sans oser s'exprimer d'une façon qui puisse les choquer ou les troubler.

C.A. – Je n'entends pas par vanité le goût de se vanter, mais le désir de plaire, dont la vraie cause est, naturellement, qu'on doute de soi-même.

J.H. – Iriez-vous jusqu'à dire qu'une fois surmonté ce désir de plaire, le son de votre piano a changé ?

C.A. – Il est devenu plus riche, plus affirmatif. Tout a pris un sens plus plein. Des gens qui me connaissaient d'avant me demandaient ce qui m'était arrivé.

J.H. – C'est parfaitement compréhensible. Je veux dire, tout au long de votre vie, les gens vous ont observé, commentant derrière votre dos : n'est-ce pas cette créature merveilleuse qui jouait Liszt à douze ans ? Vous avez dû constamment sentir que les gens étaient là, en train de vous juger.

C.A. – Moi sous le projecteur, et eux jugeant. Et bien souvent, seul comme j'étais, je ne pouvais savoir comment ils me jugeaient.

J.H. – Tant qu'on est très jeune, on sent qu'on est regardé, mais c'est sans importance. Mais plus tard on se demande ce que les gens pensent.

C.A. – Oh oui. Est-ce qu'ils trouvent ça bien ? Pas bien ?

J.H. – Vous dites qu'à l'époque vous avez appris à interpréter vos rêves.

C.A. – Oui. Je consignais cela sur un carnet. Et je m'exerçais, quand j'avais un rêve important, à m'éveiller et à le noter. J'ai développé cette faculté de m'éveiller tout seul quand mon subconscient avait quelque chose à me dire.

J.H. – Et qu'est-ce que vous y avez trouvé ?

C.A. – J'ai trouvé que l'angoisse est inévitable. Être un homme, c'est connaître l'angoisse. Et agir comme s'il n'en était rien est simplement ridicule — se comporter comme si le trac n'existait pas. Il faut apprendre à vivre avec ses angoisses.

J.H. – Vous avez pu vous rappeler vos années d'enfant, quand vous ignoriez le trac, et que vous pensiez que chez l'adulte c'est pareil.

C.A. – C'est évidemment impossible. Il y a des gens qui croient qu'au prix d'un effort colossal on peut se débarrasser de l'angoisse, en la refusant. Mais elle est toujours là. Si vous vous sentez trop vain ou trop sûr, c'est que quelque chose n'est pas en ordre.

J.H. – J'observe dans votre jeu une très remarquable capacité de pénétrer des niveaux d'anxiété que la plupart des autres interprètes ne discernent même pas. Ainsi votre enregistrement de la Quatrième Ballade de Brahms de l'opus 10, qui fait penser à quelque chose comme le travail d'une heure nocturne, là où la plupart font jouer des figurations liquides, superficielles, à la Schumann, comme s'il s'agissait d'une musique anodine. Vous arrive-t-il de vous dire que l'anxiété a sa fonction, qu'il faut savoir utiliser l'anxiété comme une des composantes de l'interprétation ?

C.A. – Mais il me semble que le don de ressentir l'anxiété, l'anxiété liée au simple fait d'être homme, nous donne le pouvoir de nous investir dans n'importe quelle autre émotion — dans n'importe quoi d'humain. Je vois dans ce don de sympathie une des vertus essentielles de l'interprète.

J.H. – C'est à cela que je voulais en venir : l'anxiété qui ne conduit pas seulement à découvrir cette autre anxiété qui se cache derrière les notes, mais cet état d'alerte émotionnelle, qui permet d'épouser n'importe quelle émotion. J'aurais suggéré que la capacité d'éprouver l'anxiété en jouant vous rend capable d'amener la musique que vous jouez à un état autrement haut, exalté. Pour prendre un exemple qui saute aux yeux : la formidable anxiété que vous mettez au début de la ballade en *si* mineur de Liszt est cela même qui vous pousse vers l'apothéose finale. Ce que je ressens chez vous, c'est la mise en œuvre de l'anxiété comme force constructive. Vous iriez jusqu'à y voir un acte thérapeutique ?

C.A. – Une mise en œuvre, absolument. Une utilisation. Quant à la vertu thérapeutique de la chose, je crois qu'il ne faut pas trop confondre. La thérapie est tout autre chose : il s'agit de libérer les gens de leurs inhibitions.

J.H. – Mais qu'en est-il des effets purement négatifs de l'anxiété, quand elle produit trous de mémoire et fausses notes ? Qu'est-ce qui permet de déterminer son positif et son négatif, de savoir si elle servira à construire ou à détruire ?

C.A. – Je ne sais pas comment cela se fait au juste. Il y a trente ans, il n'était pas rare que l'anxiété fasse obstacle à l'exécution. Mais j'ai peu à peu compris qu'il faut laisser les choses se faire, et surtout ne pas se préoccuper de réussir ni de plaire. Alors l'anxiété perd beaucoup de sa force paralysante, et s'intègre plutôt au processus créateur.

J.H. – Vous parlez volontiers de défaillances de mémoire comme de tendances d'autodestruction. Comme s'il existait une partie de votre subconscient qui voulait votre échec.

C.A. – Mais presque tout interprète a à lutter contre cette tendance à se réfugier dans l'échec, comme Schnabel a fait dans ses dernières années. Une fois, quand Schnabel a eu un trou de mémoire lors d'un cycle Schubert à Town Hall, il a dit : « Pardon, mais il y a un tel courant d'air que je ne puis continuer. » Si bien que les huissiers sont allés partout à la recherche d'une fenêtre ouverte, qu'ils n'ont naturellement pas trouvée.

J.H. – Que ressentez-vous quand vous jouez et que tout ne va pas comme vous voulez ?

C.A. – Je me disais autrefois que c'est la fin du monde. Il me fallait parfois des mois pour m'en remettre, alors. Je voulais être parfait, divin — indemne de toute faute, de toute défaillance. Mais cela produit l'effet opposé. Je m'en fais moins un monde aujourd'hui. Il faut se dire à soi-même qu'il est ridicule de se faire tout ce mauvais sang. Nul n'est infaillible.

J.H. – J'avais l'habitude d'écouter la musique comme si elle devait m'apporter la perfection. Si quelque chose allait de travers, je me gâchais à moi-même le reste de la soirée. Il ne faut pas écouter ainsi, c'est criminel — à guetter le faux pas ou la fausse note.

C.A. – Vous savez ce que je faisais autrefois quand quelque chose n'allait pas ? Je renonçais. Je continuais à jouer, mais en ayant renoncé. Comme si la suite n'importait plus.

J.H. – Il y a quelque chose qu'il faut mentionner ici, je crois, ce sont vos annulations. C'est bien connu. Vous annulez pas mal de concerts. Comment le justifiez-vous ?

C.A. – Il arrive que je sois réellement mal disposé, physiquement. Mais la plupart des annulations sont dues à l'anxiété — la mauvaise sorte. Parce que je n'ai pas joué un morceau depuis trop longtemps — c'est la raison la plus fréquente.

J.H. – Est-ce que l'anxiété se traduit parfois par des douleurs physiques réelles ?

C.A. – Nous savons tous cela.

J.H. – Votre raideur l'autre jour, quand vous avez annulé

ce concert dans le Connecticut, vous pensez que c'était l'effet de la nervosité ?

C.A. – Il me semble bien. C'est que le lendemain j'avais à jouer le *fa* mineur de Chopin, que j'avais laissé depuis cinq ans au moins. Mais il y avait aussi une raison physique. Dans l'avion, en rentrant de Chicago, il n'y a pas eu moyen de fermer une des arrivées d'air conditionné, juste au-dessus de moi. Le soir même je me suis senti fatigué et raidi. Et mon cou me causait des ennuis depuis quelque temps déjà. On ne sait jamais ce qui est psychosomatique, ou simplement physique.

J.H. – Quand vous sentez que ça va mal aller en scène, est-ce physique ? Je veux dire, ce sont vos muscles qui vous avertissent ?

C.A. – Non. C'est une chose technique. Habituellement c'est que j'ai peur pour ma mémoire.

J.H. – Vous arrive-t-il d'aller en scène quand vous sentez que vous ne devriez pas ? Vous arrive-t-il de vous sentir trop anxieux pour pouvoir jouer, et de jouer néanmoins ?

C.A. – Pas vraiment. Quand je sens que je ne pourrai pas jouer, j'annule. Sans considération pour quoi que ce soit d'autre.

J.H. – Vous vous sentez coupable ?

C.A. – Coupable, et déprimé.

J.H. – À mes yeux vous incarnez une personnalité d'artiste type, — le romantique, solitaire, souffrant, luttant. Pensez-vous qu'il s'agisse de la personnalité de base de l'artiste ?

C.A. – Oh, pas du tout. La distinction de Jung entre l'extraverti et l'introverti nous en dit beaucoup plus long. La carrière est beaucoup plus facile à l'extraverti, au commencement surtout. Il est si sûr de lui ! Mais le plus souvent, face aux stades ultimes du développement, il se dérobera. Tandis que l'introverti ! S'il a l'endurance pour faire face à tous ses conflits, je pense qu'il atteint autrement haut.

LE SUCCÈS, 1927 ET ENSUITE

Avec l'aide d'Abrahamsohn, Arrau put mettre complètement derrière lui ses années d'enfant prodige. Un signe de sa maturité naissante est social. Vers 1930, l'outsider, ennemi du monde, était devenu un assidu des nuits de Berlin, auxquelles il s'adonnait avec une curiosité toujours renouvelée.

Son mariage en 1937 est l'arrivée au port. Ruth Schneider, fille d'un homme d'affaires fortuné, était un mezzo-soprano d'avenir. Selon Arrau, elle passait aussi pour « la plus jolie fille de Francfort » — réputation que les photos des jeunes mariés ne font rien pour démentir.

Mme Arrau rencontra son futur mari à Francfort, où Arrau jouait à la Saalbau. « C'est en l'entendant que je me suis prise d'enthousiasme pour le piano, et c'était bien la première fois », rappelle-t-elle. « Le son avait une telle chaleur, une telle intensité. Comme j'ambitionnais de jouer moi-même un peu mieux, je suis allée le trouver pour prendre des leçons. Et nous nous rencontrions ici ou là. Ensuite il m'a écrit, me demandant de l'appeler, nous pourrions peut-être sortir ensemble. Je l'ai fait. Il m'a proposé de m'emmener danser. J'ai essayé d'y échapper, sachant combien les musiciens sont habituellement mauvais danseurs. Mais il n'y a rien eu à faire. Et il s'est trouvé être, lui, merveilleux danseur. Après cela nous avons commencé à nous voir régulièrement. »

Peu après son mariage, Mme Arrau décida d'abandonner sa propre carrière de chanteuse. « Si vous n'étiez pas du type allemand blond, si vous n'apparteniez pas aux organisations recommandées, les nazis vous faisaient des problèmes. On m'a dit que je soulignais à plaisir dans ma personnalité tout ce qui me donnait l'air non aryen, et que si je persistais dans cette attitude je me rendrais indésirable sur les scènes allemandes. J'ai demandé si on attendait de moi que je me teigne en déesse blonde. On m'a répondu que ce ne serait pas un mauvais commencement. » En plus, elle estima que la carrière d'Arrau lui demanderait du travail. Femme stable et sans chimères, plus résolue et moins crédule que son mari, on imagine quel rôle elle a pu jouer à l'arrière-plan.

Cependant, Arrau poursuivait son travail au piano avec un zèle jamais relâché. Il se souvient d'une période de 1934 où il a travaillé quatorze heures par jour pendant deux semaines de rang. On lui avait demandé de jouer le Troisième de Prokofiev et le concerto pour piano et vents de Stravinski à Mexico, avec Carlos Chavez et Ansermet. Il n'avait aucun des deux ouvrages à son répertoire (ils étaient tout nouveaux), et pensait ne pouvoir se permettre de décliner de telles offres. (« En ce temps-là, je prenais tous les risques. Je me persuadais que je le pouvais, et que je le devais pour ma carrière. ») C'est aussi à Mexico qu'il donna en treize semaines quinze programmes de récitals différents, en 1933-1934.

Mais c'est à Berlin qu'eut lieu la plus fantastique épreuve d'endurance et de mémoire. Arrau était très désireux d'y conquérir le plus grand public. En 1935-1936 il présenta son cycle Bach en douze soirées, comprenant toute l'œuvre pour clavier seul à l'exclusion des pièces pour orgue. Dans les saisons qui suivirent, toujours à Berlin, il donna des cycles des sonates de Mozart et de Weber, et un cycle Schubert.

Vers 1940, selon sa propre estimation, Arrau avait solidement établi sa réputation d'artiste, en Allemagne du moins. Mais Hitler aussi était établi. Anxieux d'être reconnu par l'Allemagne, Arrau avait différé de partir. Quand il eut quitté l'Allemagne, en 1940, le même besoin d'être reconnu lui fit tenter cet autre exploit : la conquête de l'Amérique. Le succès, cette fois, fut plus prompt. « Claudio Arrau, pianiste chilien, a transporté son public de Carnegie Hall l'autre soir par un jeu dont l'imagination dans les détails, les coloris et la maîtrise technique étaient insurpassables », écrivait Noel Strauss dans le *New York Times* du 20 février 1941. Il poursuivait ainsi :

> M. Arrau est un romantique avant toute chose, et c'est seulement après avoir joué son *Concerto italien* de Bach et sa sonate op. 31 n° 3 de Beethoven, quand il en vint au *Carnaval* de Schumann, que son éminence comme maître du clavier apparut à plein. Dans les morceaux de Chopin, Liszt, Ravel et Debussy qui complétaient le programme, M. Arrau se maintint au niveau d'excellence supérieure où l'avait installé son *Carnaval :* un interprète d'une poésie inspirée, un maître des couleurs comme peu de pianistes aujourd'hui.
>
> Dans le *Concerto italien* qui ouvrait la soirée, M. Arrau, dans son souci d'apporter les sonorités orchestrales à un ouvrage qui ne s'y prête pas, eut recours à un toucher d'une certaine rudesse, qui disparut entièrement avec la sonate de Beethoven qui suivit, et ne devait plus reparaître de toute la soirée. Il est vrai que, dans ce concerto, Bach s'efforce de transférer quelque chose de la richesse orchestrale des concertos de l'époque au seul clavier, mais M. Arrau s'employa à marquer de façon exagérée les contrastes dynamiques sans atteindre entièrement cet idéal. Et dans l'andante il marqua trop constamment un retard avant les moments accentués, de façon à les souligner davantage, mais ce fut aux dépens de la simple continuité mélodique.
>
> C'est avec la sonate de Beethoven que se manifestèrent

d'abord les exceptionnels dons d'imagination du pianiste, spécialement dans l'allégretto, dont les passages en staccato furent rendus avec une exceptionnelle délicatesse de nuances.

Le signataire n'a jamais entendu une exécution plus absolument satisfaisante, plus remarquablement unifiée aussi, du *Carnaval*, qui venait ensuite. Ici, M. Arrau est absolument dans son domaine, et sa façon de présenter les éléments disparates était incomparable dans sa distribution des ombres et des couleurs, dans son inépuisable invention d'images, dans sa beauté sonore. L'ensemble de la composition est allée de main de maître à son apothéose vigoureuse, culminant dans la pompe de la *Marche des compagnons de David*, sincère, sentie, individuelle, sans trace pourtant d'exagération ni d'excentricité.

Aussi captivants et remarquables de brio furent le scherzo en *mi* majeur de Chopin et l'étude de concert en *ré* bémol de Liszt. Pourtant, en pure splendeur et enchantement sonore, rien dans tout ce programme n'égalait les *Jeux d'eau* de Ravel, une prouesse pianistique fantastique dans son incroyable limpidité, à quoi ne le cédaient en rien les teintes et les vélocités des *Feux d'artifice* de Debussy, qui menèrent ce récital à son éblouissante conclusion.

La critique de Robert Lawrence dans le *New York Herald Tribune* est elle aussi si détaillée, si précise, qu'elle vaut la peine d'être citée *in extenso*. Le récital auquel elle fait allusion est celui qu'Arrau avait donné trois semaines plus tôt au Town Hall.

Je n'ignore pas ce que de telles affirmations ont de hasardeux : pourtant la plus parfaite exécution du *Carnaval* de Schumann à laquelle il m'ait été donné d'assister est celle qu'en a donnée hier soir à Carnegie Hall Claudio Arrau, le pianiste chilien, qui s'est déjà produit à New York avec succès un peu plus tôt cette saison. Mais l'excellente presse de ce premier concert ne m'avait en rien préparé au degré d'excellence atteint hier soir.

Dans les mains d'un pianiste de moindre stature, le *Carna-*

val peut paraître d'une rhétorique un peu longue. Joué avec la splendeur d'hier soir, il tient l'auditeur sous la magie de sa fantaisie, qui ne fait plus qu'un avec son unité structurale. Combien de fois j'ai entendu les tableautins qui composent l'œuvre ! Combien de fois je les ai moi-même joués ! Jamais je n'en ai vu la séquence assumer la continuité, la logique organique qu'y met Arrau. Et tout ce qui caractérise Schumann y est également présent : l'ironie, l'insolence, l'humeur capricieuse.

La beauté sonore radieuse de son Schumann, Arrau l'a mise aussi dans son scherzo en *mi* majeur de Chopin, et dans l'étude de concert en *ré* bémol de Liszt. Ici, la précision des rythmes, l'emportement lumineux de la phrase évoquent un romantisme du piano qu'on espère parfois, mais qu'on n'entend plus guère. Les *Jeux d'eaux* de Ravel, joués avec l'objectivité que requiert le compositeur et le brio que requiert la musique, et les *Feux d'artifice* de Debussy terminaient triomphalement le programme. Tels que les exécutent la plupart des interprètes d'aujourd'hui, les traits de Debussy sont arides, et ne se prêtent qu'à une virtuosité de pure forme. Repris avec l'usage magistral qu'Arrau fait de la pédale, tous ces traits dispersés ont trouvé l'unité que Debussy leur a sûrement rêvée...

Trois ans après son second début américain, Arrau arrivait à un total de cent quatre-vingt-dix-sept engagements en Amérique du Nord, dont onze avec l'orchestre de Philadelphie, neuf avec celui de Chicago, six avec celui de Boston et six avec le Philharmonique de New York. Dans les années cinquante, jouant dans le monde entier, il donnait jusqu'à cent trente concerts par saison, et parfois en tornade : c'est ainsi qu'en 1960 il donnait en Amérique du Sud dix-sept concerts en vingt-deux jours.

Dès avant la guerre Arrau s'était beaucoup produit en Europe, en Amérique du Sud et au Mexique, qui demeurèrent en un sens son terrain de prédilection. Le Chili avait fait de lui un héros national. Santiago donnait son nom à une rue en 1940. La rue où il est né fut de même rebaptisée en 1959. En 1944, à l'occasion d'une cérémonie radiodiffusée dans l'ensemble du pays, le gouvernement chilien lui attribuait une médaille d'or en reconnaissance de l'honneur qu'il faisait au pays tout entier. À Buenos Aires il jouait en plein air devant vingt-cinq mille personnes — le record absolu pour l'époque. À Mexico, qui l'appelait *hijo predilecto,* fils préféré, il donna aussi une intégrale des sonates de Beethoven — sa première en 1938. Des cycles dans plusieurs capitales d'Amérique latine devaient suivre.

Arrau estime qu'il a été pleinement reconnu en Angleterre mieux que n'importe où ailleurs — à l'exception de l'Amérique latine. « Là je n'ai pas eu à me battre. Vous savez, pendant des années, chaque fois que j'ai eu de mauvaises critiques quelque part, j'ai toujours pu me dire que le public anglais m'était fidèle. Et j'adore Londres, comme ville. Elle n'est pas aussi belle que Paris ou Vienne. Mais elle est si... distinguée. » Arrau a joué les sonates de Beethoven en cycle à la B.B.C. en 1952, et en quatre soirées au Royal Festival Hall en 1959. William Mann écrivait dans le *Record Times :*

> Les mélomanes d'un peu partout ont considéré Arrau, ces douze dernières années, comme un des plus grands des grands pianistes qui abondent en ce moment dans notre monde. Quelques-uns affirmeront avec force qu'il est même le plus grand, simplement parce qu'il a tout ce qui fait un grand pianiste. Il a la technique, la puissance, le cœur et la tête. Il y en a qui sont suprêmes quand ils jouent Bach, Mozart, Beethoven, Chopin ou Liszt. Arrau est le seul pianiste vivant qui, au moment même où il joue, puisse convaincre chacun qu'il est l'interprète suprême de tous ces compositeurs — plus quelques autres...

Arrau avait donné des cycles de concertos de Beethoven à Londres sous la direction de Klemperer et de Krips. En 1961 il joua neuf concertos en trois soirées de gala en moins de deux semaines, avec Adrian Boult. Voici ce qu'écrivait

Neville Cardus dans *The Guardian* en hommage à Arrau pour ses soixante-dix ans :

> Claudio Arrau est un des plus exigeants interprètes de la musique de piano qui existent. C'est à dessein que je dis interprète, pour le distinguer des simples virtuoses, ceux dont l'art commence et finit avec le clavier. La technique d'Arrau est prodigieuse, mais toute l'habileté de ses doigts et toute sa conscience musicale il les met au service du compositeur...
>
> Arrau a toute l'objectivité du grand artiste individuel. Il partage avec les Schnabel et Klemperer la même intégrité. En fait, par la méthode et l'esthétique, il remonte à Busoni. Après Busoni, Arrau a été le seul à retrouver, dans le concerto *L'Empereur*, cette grandeur de la sonorité, et ces estompes, ces retours au silence, qui sont un des secrets de Beethoven.
>
> Sa réévaluation des préludes de Chopin, au festival d'Édimbourg, fera date. Arrau a brisé en morceaux l'image habituelle, paresseuse d'un Chopin mélodiste raffiné, bien élevé, parfumé. C'est le tout de Chopin qu'il révélait, la vigueur aussi bien que la magie romantique, la force de l'harmonie, la texture. Il en va de même avec tout compositeur qu'il sert. Il remonte au germe, il trouve ce style qui est l'individu, il nous aide à le reconstruire...

Arrau fit sa rentrée à Berlin le 14 mars 1954, jouant le concerto en *si* bémol de Brahms avec le Philharmonique. Il eut douze rappels. « De tous ceux qui ont quitté l'Allemagne après 1933 et se sont haussés à la gloire mondiale, il a été le dernier à revenir », rappelait H. H. Stuckenschmidt. Onze jours plus tard, il donnait aussi un récital. Le *Tagesspiegel* notait :

> De temps à autre on entend proférer la remarque pessimiste que le grand style d'interprétation doit être mis au passé désormais. Claudio Arrau vient de démontrer à la Hochschulesaal que les chefs-d'œuvre trouvent toujours des interprètes dignes d'eux. Âgé aujourd'hui de cinquante ans, l'élève de Martin Krause est désormais à la hauteur des

géants du passé. Son interprétation de la Fantaisie en *ut* majeur de Schumann évoquait les souvenirs de D'Albert et Ansorge, et ne peut se comparer qu'à celle de Gieseking...

En 1968, il fêtait ses soixante-cinq ans avec le Philharmonique de Berlin, en deux programmes qui comprenaient le concerto de Schumann, le *fa* mineur de Chopin, et le *Konzertstück* de Weber. Au nom de l'orchestre, pour lui rendre hommage, Kurt Westphal l'appela l'héritier du trône de Busoni et Gieseking. En 1970, après une *master class* de deux semaines à Bonn sur Beethoven, il recevait la croix du Mérite, une des distinctions suprêmes de la République fédérale. Et en 1978, pour ses soixante-quinze ans, la Philharmonie de Berlin lui décernait la médaille Hans von Bülow.

Depuis qu'il réside à New York, Arrau a joué aux États-Unis plus que n'importe où ailleurs. Mais là, malgré le coup d'éclat de ses seconds débuts de 1941, il a mis plus de temps à se faire reconnaître du grand public. La façon dont l'Amérique l'a accueilli rappelle à cet égard la réception de Busoni et de Furtwängler. Les éducateurs du goût américain de ce temps-là, Koussevitzki, Paderewski, Stokowski, ne faisaient pas précisément partie des grandes figures du Berlin de l'avant-guerre. Harold C. Schonberg, l'influent critique du *New York Times* entre 1960 et 1980, peut être pris comme un révélateur. Dans son ouvrage *Les Grands Pianistes,* Edwin Fischer, révéré par Arrau comme le plus grand des disciples de Krause, est simplement cité comme « le fils musical chéri de la Suisse ». Wilhelm Kempff, celui de ses contemporains qu'Arrau admire le plus, n'est mentionné qu'une fois, en passant, comme un représentant de « l'école allemande d'aujourd'hui ». Arrau lui-même ne se voit attribuer qu'une phrase, qui remarque « l'extension prodigieuse de son répertoire et la perfection de son jeu ».

Ainsi la tradition tranchait en deux, et c'est dans cet esprit qu'il faut comprendre la façon dont, dans les deux chapitres qui suivent, Arrau rejette Godowsky, Hofmann, Rachmaninov et Toscanini. L'objectivité d'interprète proclamée par Toscanini, et exaspérée par ses suiveurs, indispose Arrau : il y discerne un échec de l'engagement émotionnel. Quant au romantisme slave ou oriental incarné à divers degrés par Godowsky, Hofmann, Rachmaninov et d'autres, aux yeux d'Arrau, pour qui le texte est sacré, qui ne donne jamais de *bis* et évite les réunions mondaines, leurs arrangements et transcriptions, leurs *bis* m'as-tu-vu, leurs soirées où les bons mots et la bonne chère valent la musique tiennent du sacrilège.

Il y a sûrement là-dessous quelque chose qui se choque devant les manifestations exhibitionnistes de l'ego. Au cours des répétitions du concerto de Schumann avec Karajan à Édimbourg en 1954, il fut si choqué par le sans-gêne de Karajan qu'il pensa prendre la fuite. Neville Cardus, qui était là, obtint de lui qu'il reste : mais plus jamais il n'a joué avec Karajan. Significativement, il apprécie la compassion, la naïveté qui s'avoue. À San Francisco, après un *Empereur* avec Kurt Masur, il fit son éloge pour « son visage si aimable, modeste. Son absence de grands airs, de prétentions d'aucune sorte ».

Oui, il y a une timidité là-derrière : mais aussi la forte affirmation de l'humilité comme vertu.

J.H. – Vous êtes devenu considérablement plus mondain entre les années vingt et les années trente. Vous avez parlé de votre timidité, au début. Mais j'ai l'impression qu'au moment où vous vous êtes marié, vous étiez devenu un oiseau de nuit, non ? Votre femme dit que vous aviez une quantité de petites amies.

C.A. – Oh oui. Mais au commencement je me suis un peu forcé moi-même à sortir. Il fallait que je me défasse de cette timidité.

J.H. – C'est une chose à quoi Abrahamsohn vous a encouragé — sortir, voir des gens ?

C.A. – Oui. Je suis sorti pour me déboutonner, me sentir moins contraint. J'ai voulu en voir et en vivre autant qu'il m'était possible. Toute ma vie j'ai essayé de me développer dans ce sens-là. Même si ce n'était pas de mon goût.

J.H. – Votre femme dit que vous étiez un merveilleux danseur. Vous avez toujours aimé danser ? Ou bien une résistance jouait d'abord ?

C.A. – Oh, une résistance, oui. Par timidité. Mais j'ai suivi des cours, j'ai appris tous les pas. Je me rappelle ces immenses salles de bal. J'ai dû d'abord me forcer pour y aller. Mais ensuite j'ai commencé à aimer ça. Apprendre, en quelque domaine que ce soit, a toujours été pour moi quelque chose de très important.

J.H. – Est-ce dans le même temps, parallèlement, vous cherchiez à développer vos intérêts intellectuels ?

C.A. – Oui. Et pour cela aussi il a fallu qu'au début je me force un peu. Je me suis forcé par exemple à lire toute *La Divine Comédie* en italien ancien.

J.H. – Vous lisiez d'autres langues anciennes ?

C.A. – Le latin et le grec. Il s'est trouvé que j'ai connu un vieux professeur de lettres qui était fou de musique. Nous avons fait un marché. Je jouais pour lui, et il m'a appris le latin et le grec.

J.H. – En 1926 vous avez été nommé professeur au conservatoire Stern de Berlin, et vous avez aussi partagé une tournée en Angleterre avec Richard Tauber. En 1927 vous avez gagné le concours de Genève. De tout cela vous reste-t-il des souvenirs particuliers ?

C.A. – Le concours de Genève m'a fait faire un pas en avant extraordinaire, psychologiquement. Il devait y avoir quelque chose comme deux cents pianistes, jouant tous *Islamey.* C'était obligatoire. Vous voyez, j'y suis allé aussi parce qu'on me disait qu'il fallait que je fasse quelque chose qui me pousse un peu dans la carrière. Pas un instant je n'avais pensé remporter le prix ! J'ai déjà été assez surpris de me retrouver au second tour. Ensuite, quand ç'a été fini, et que le public attendait la proclamation des résultats, j'ai cru que j'avais des visions. Un des messieurs du jury se frayait un chemin vers ma place. Il avait l'air de venir vers — moi ! Je ne pouvais simplement pas le croire. Je pensais que tous les autres avaient mieux joué que moi.

J.H. – Arthur Rubinstein évoque le concours dans ses Mémoires. Il faisait partie du jury. Il dit que lui comme les autres, ils ne pouvaient comprendre pourquoi vous concouriez. Parce que vous étiez un artiste confirmé...

C.A. – Non.

J.H. – Je vais vous lire le texte. Rubinstein venait d'avoir un accident de voiture, et portait sur la tête un bandage très compliqué. Il dit : « Quand je rejoignis mes collègues du jury, ma coiffure spectaculaire me donna un certain nombre de privilèges. Le professeur Pembaur ne cessait de veiller à mon confort, me passant la meilleure chaise, ou essayant de me mettre un coussin derrière la tête... »

C.A. – *Pembaur?* Comment ai-je pu oublier cela ? Comme pianiste il était célèbre en Allemagne, mais en Allemagne seulement. C'était un spécialiste de Liszt. Il avait toute sorte d'idées à lui sur le jeu romantique. En fait, je me souviens d'un récital particulièrement intéressant — tout souligné, des rubatos colossaux. Il y a même un passage de la sonate de Liszt que je n'ai simplement pas reconnu ! Mais il y avait dans son jeu des choses fantastiques. La *Totentanz* par exemple — je ne l'ai jamais entendue mieux jouée. Et quel air bizarre il avait ! Une sorte de démon. Et je ne m'en souvenais pas !

J.H. – « Le concours dura trois jours de rang, à cause du nombre élevé de concurrents. Ce fut passablement ennuyeux. La plupart n'étaient pas prêts, et manquaient parfois du don musical le plus élémentaire. Et alors, le troisième jour, parut un pianiste dont le nom était déjà connu dans le monde des concerts, Claudio Arrau. Il ne jouait pas depuis deux minutes que nous nous penchions les uns vers les autres avec un sourire de satisfaction. " Cela, c'est un pianiste ", dit Cortot. Il a remporté le prix, qui consistait en un piano à queue Bechstein... »

C.A. – Non. *(Il rit.)* Nôoooon ! Je ne me rappelle même pas ce qu'a été le prix. Mais sûrement pas un piano !

J.H. – « J'avais d'abord entendu parler de lui au Chili, où il avait été un enfant prodige, et c'est pourquoi je me demandais ce qu'il venait faire dans cette compétition. C'était comme une course entre un pur-sang et des chevaux de labour. Quand tout a été fini, Schelling a offert un souper dans sa somptueuse villa sur le lac. »

C.A. – Schelling était au jury, je m'en souviens. Schelling et Pembauer et Cortot et Vianna da Motta. Eh bien ! Et on m'a escamoté mon piano Bechstein !

J.H. – Du moins voit-on de la sorte le monde qu'il y a entre ce que vous pensiez de vous-même et ce que les autres voyaient en vous. Incroyable ! Avant même le commencement des épreuves les juges tenaient pour acquis que vous alliez gagner. Et vous, ayant joué, vous étiez sûr que vous alliez perdre.

C.A. – Tel était mon état d'esprit en 1927.

J.H. – Qu'a-t-il résulté de cette victoire. Vous avez eu des engagements ?

C.A. – Oui, pas mal, et des bons.

J.H. – En 1935-1936 vous avez donné l'intégrale du clavier de Bach en douze récitals à Berlin. Vous étiez encore inquiet pour votre carrière à ce stade-là ?

C.A. – Oui.

J.H. – Comment en êtes-vous venu à l'idée de ces soirées Bach ?

C.A. – Il y a deux aspects. D'abord, j'avais cette ambition, de maîtriser totalement l'idiome d'un compositeur. Là a été ma première motivation, ce qui m'a rendu capable d'apprendre et de jouer cette quantité colossale de musique. Et à côté de cela il y a sûrement eu chez moi le désir de me signaler par quelque chose d'exceptionnel, qui prouverait quel musicien sérieux j'étais. Parce qu'à l'époque des gens me trouvaient un très bon technicien, mais plutôt du genre virtuose. Là était le second aspect : faire quelque chose pour ma carrière. Mais la toute première idée a été celle-ci — la satisfaction de dominer en moi-même cette somme absolue de sublime musique. Des gens se sont demandé : C'est un tour, ou quoi ? Il y avait de cela, mais un peu seulement.

J.H. – Comment ont marché les concerts ?

C.A. – J'ai eu un trou de mémoire dans une des partitas. J'avais tellement travaillé que j'étais complètement épuisé. Aussi ai-je décidé de reprogrammer quelques-uns des concerts, deux ou trois je pense. En tout cas, c'est sûr, ç'a été une sensation ! Les concerts ont eu lieu à la Meistersaal de Berlin, de cinq cents places, et tout était complet. À l'époque, j'avais mon idée, et très précise, sur la façon dont on peut transposer Bach sur un piano moderne. Pas question d'imiter le clavecin. D'un autre côté certaines caractéristiques du piano sont étrangères au monde même de Bach — une sensualité. Et pas de pédale — sauf ce que j'appelle la pédale muette !

J.H. – Quand avez-vous arrêté de jouer Bach en public ?

C.A. – Généralement, très peu de temps après. En bonne partie à cause du clavecin, et surtout à cause de Landowska, que je vénérais. J'avais aussi l'idée que je devais être un pianiste avant tout ; ne jouer que des choses écrites pour le piano, pour le son du piano.

J.H. – Vous avez fait suivre le cycle Bach d'un cycle Mozart ? Le succès a été le même ?

C.A. – Pas exactement, parce que la prouesse de mémoire n'était pas aussi grande qu'avec Bach. Certains n'ont pas aimé la masse sonore que j'y mettais, les contrastes, l'expression. Je m'attachais réellement à rendre la même qualité d'expression qu'y mettent les chanteurs d'opéra.

J.H. – Au moment où vous avez quitté l'Allemagne, à quel degré pensez-vous que vous étiez déjà établi ?

C.A. – Oh, je l'étais tout à fait alors, et pas en Allemagne seulement.

J.H. – Vous diriez donc que votre anxiété concernant votre carrière était d'une façon ou d'une autre surmontée.

C.A. – Vous savez, j'ai toujours éprouvé cette insensée frustration à l'égard du public allemand. C'est peut-être idiot, mais je me disais : ils s'y connaissent mieux, et c'est pour cela qu'ils ne m'acceptent pas. Lorsque, enfin, je me suis fait accepter d'eux, c'était la période nazie. Le début des années trente. C'est pour cela que je suis resté quand ils ont été là, outre le fait que, comme la plupart des gens, je ne croyais pas que ça puisse durer. J'étais si impatient de me faire enfin reconnaître ! À partir de ce moment, je me suis senti bien dans ma carrière. Mais naturellement il me restait la montagne à conquérir — les États-Unis.

J.H. – C'est vers cette époque que vous vous êtes marié.

C.A. – Je me suis marié assez tard. En 1937, j'avais trente-quatre ans. Comme tant de jeunes gens de l'entre-deux-guerres, j'allais d'une femme à l'autre, toujours déçu. Quand j'ai rencontré Ruth, j'ai eu l'impression que j'avais trouvé. Elle commençait une bonne carrière de chanteuse, vous savez. Elle préparait *Carmen*. C'est elle qui a voulu s'arrêter. Elle pensait que le mariage n'a guère de chances, entre deux artistes qui voyagent chacun de son côté.

J.H. – C'est la première fois que vous avez vécu sans votre mère.

C.A. – Oui. Ruth et moi avons acheté un appartement. Ma mère vivait avec ma sœur et sa fille.

J.H. – Votre mère était jalouse ?

C.A. – Eh bien, c'est probable. Mais elle ne l'a jamais laissé sentir ou paraître. Depuis quelque temps déjà elle se plaignait que je ne me marie pas. Mais la séparation a été difficile.

J.H. – C'est quelque chose que vous vous proposiez de faire depuis quelque temps déjà ?

C.A. – Je me disais qu'il fallait couper le cordon ombilical.

J.H. – Avez-vous jamais eu l'idée de vous en aller et d'aller vivre tout seul, en célibataire ?

C.A. – J'y ai pensé, bien sûr, mais je n'en avais pas vraiment de raison, tant ma mère se montrait facile, compréhensive.

J.H. – Quand avez-vous tous quitté l'Allemagne ?

C.A. – Je suis parti en 1940. Ma mère s'est embarquée avec ma nièce en 1938. Ma sœur est partie ensuite, et moi à la fin seulement, parce que j'avais des concerts en Amérique du Sud. Mais Ruth attendait notre second enfant, et à cause de la position du bébé, qui appuyait sur un nerf, elle n'a pas pu voyager avant début 1941, quand Mario a été né. L'ambassade du Chili a fait en sorte qu'elle ait son passeport. Pour l'obtenir normalement, elle aurait dû avoir vécu cinq ans au Chili. Aussi le passeport l'a fait naître à Valdivia. J'étais depuis dix mois en Amérique du Sud quand elle est arrivée avec les deux bébés. Je suis allé la chercher à Buenos Aires et nous avons trouvé un appartement à Santiago.

J.H. – Des musiciens que vous admiriez, comme Furtwängler, ont choisi de rester en Allemagne. Vous êtes-vous trouvé déchiré entre votre passion pour la culture allemande et...

C.A. – J'étais déchiré entre la satisfaction d'être à la fin reconnu par les Allemands et les horreurs qui se passaient là-bas. Je vivais dans la rage. Toutes les conquêtes sociales de la gauche étaient perdues. Quant à la culture des théâtres, des opéras, la vie musicale — tout s'est effondré en quelques mois. La réceptivité du public, elle aussi, a disparu.

J.H. – Vous regrettez de n'être pas parti plus tôt ?

C.A. – J'aurais sans doute traîné ma frustration, si d'abord je n'avais pas obtenu du public allemand d'être pleinement reconnu. J'y serais sans doute arrivé quand même, ne serait-ce qu'après la guerre. Mais la frustration aurait été là.

J.H. – Quand vous êtes parti, vous aviez idée où vous iriez vivre ?

C.A. – Pas le moins du monde. Nous n'avions pas de projets. Nous attendions de voir ce qui se passerait. Et alors je suis parti pour les États-Unis tout seul, pour essayer une nouvelle fois. Cela aussi, c'était une frustration. Le premier concert a eu lieu à Town Hall. Et la critique a été ridicule, pire encore qu'en 1923. Vous voyez, absolument personne ne savait qui j'étais, même en 1941 ! Et j'ai donné un très bon récital, avec une partita de Bach et Brahms et les *Tableaux d'une exposition,* qui était à l'époque un de mes chevaux de bataille.

J.H. – La critique du *Times* n'était pas si mauvaise que ça. Mais elle est courte. Je vais vous la lire. Elle est du 26 janvier 1941.

> Claudio Arrau, pianiste chilien, qui a fait ses débuts à New York il y a dix-sept ans *(sic),* et n'a plus rejoué chez nous depuis 1927 *(sic),* a fait sa rentrée hier à Town Hall. Son programme était impressionnant. Il ne comportait pas de hors-d'œuvre, mais quatre compositions importantes, la partita en *ut* mineur de Bach, la sonate en *ut* majeur de Beethoven op. 2 n° 3, les variations sur un thème de Haendel, de Brahms, et les *Tableaux d'une exposition* de Moussorgski...
>
> Le jeu de M. Arrau est très individuel. Il place le piano légèrement en biais par rapport au public, et s'assied très près, courbé très au-dessus du clavier, et tandis que son coude gauche reste collé au corps, le droit est assez largement soulevé. Ses interprétations ne portaient pas moins la marque de l'individualité, soigneusement mûries et profondément personnelles.
>
> Cependant le programme de M. Arrau n'est pas de ceux où il puisse faire le mieux valoir ses qualités, car son fort est le jeu rapide, clair, nuancé, mais il ne s'entend pas à produire des sonorités puissantes, ce qui veut dire que Brahms et Moussorgski sont restés au-delà de ses possibilités dynami-

ques. En outre sa concentration est si intense qu'une séquence de trois ouvrages longs d'une demi-heure chacun devient éprouvante pour l'auditeur...

C.A. – Oh. Éprouvante pour l'auditeur. C'est une chose à laquelle il fallait faire attention en ce temps-là. Ils m'ont dit que j'avais ruiné la première moitié de ma carrière en imposant des programmes beaucoup trop longs. Et beaucoup trop lourds. C'est mon agence qui m'a dit ça.

J.H. – Je continue : « Le récital aurait été plus satisfaisant s'il avait comporté davantage de morceaux tels que la *Danse* de Debussy et la *Chanson polonaise (sic)* de Chopin-Liszt qui ont été joués en *bis*, et merveilleusement joués. M. Arrau dans ses meilleurs moments est un pianiste considérable, il a quelque chose à dire, et une sensibilité d'artiste et de pianiste. » C'est signé « R. P. », Ross Parmenter.

C.A. – Vous voyez, ç'a été un des plus beaux concerts de toute ma carrière. Le public m'a fait un triomphe. Il y a encore des gens qui m'en parlent.

J.H. – Ensuite, le 19 février, vous avez donné un récital à Carnegie Hall. Et ç'a été votre premier grand succès américain.

C.A. – Je crois que j'ai joué un de mes meilleurs *Carnavals.*

J.H. – Noel Strauss, dans le *Times,* et Robert Lawrence, dans le *New York Herald Tribune,* l'ont tous les deux cité comme le meilleur *Carnaval* qu'ils aient entendu. Il en a résulté une avalanche d'engagements.

C.A. – Une cinquantaine, je pense. J'ai joué avec les orchestres de Boston, de Chicago...

J.H. – C'est cela qui vous a décidé à vous installer aux États-Unis ?

C.A. – Oui. Nous l'avons fait tout de suite, en sorte que je puisse me faire de l'argent. La transplantation n'a pas été facile, parce que les autorités américaines ont découvert que Ruth était née à Francfort, pas à Valdivia. Mais les Chiliens lui ont permis de garder son passeport. Nous sommes allés d'abord au Pérou où j'avais des concerts, puis en Équateur — nous quatre plus la nurse chilienne. Ensuite la Colombie, et des concerts. Puis Panamá, et des concerts. Puis le Guatemala et le Mexique. De Mexico à New York en train. Nous avons d'abord vécu à l'hôtel. Plus tard nous avons trouvé une maison à Forest Hills. Nous sommes venus à Douglaston en 1947.

J.H. – Le succès aux États-Unis... Pourquoi était-ce si important pour vous ? Beaucoup d'artistes qui avaient de grands noms en Europe, Fischer, Knappertsbusch, Kempff, ont été peu connus en Amérique.

C.A. – Quelque part j'avais une admiration immense pour ce pays, et pour son attitude. Je sentais que l'avenir était là, que l'Europe ne serait qu'un musée — ce qui n'est pas vrai : il y a en Europe un grand pouvoir de renouvellement. Je n'en sais pas la raison précise, mais j'étais très heureux de pouvoir me faire une vie aux États-Unis.

J.H. – C'était une revanche sur le premier échec que vous y aviez essuyé ? Vous y avez vu une confirmation de la stature que vous vous étiez acquise ?

C.A. – Il y a aussi cela.

J.H. – Quelle importance cela avait-il pour vous, dans les années quarante, d'être célèbre, acclamé, fêté ?

C.A. – Une très grande.

J.H. – Comment l'expliquez-vous ?

C.A. – Il est probable que dans la première partie de la

vie, jouer en public est partiellement une affirmation de soi. Par la suite, plus on s'équilibre, dans le sens positif, plus cela disparaît. Mais jamais complètement.

J.H. – Est-ce que la lutte pour l'affirmation de soi peut faire obstacle à un développement d'artiste ?

C.A. – C'est un danger. Mais si on prend les choses sérieusement, on surmonte ce danger. J'ai toujours pris les choses très sérieusement. Jamais je ne me serais satisfait d'un succès obtenu par des concessions. Jamais je ne me le serais pardonné.

J.H. – Une dernière question sur la façon de faire carrière. À quel degré, en arrivant aux États-Unis, vous êtes-vous senti en territoire musical ennemi ? Des figures comme Toscanini, Heifetz, Horowitz, Koussewitzki, Stokowski, dont les noms étaient énormes aux États-Unis comparés à ceux de Furtwängler et de Fischer, étaient très en dehors de votre monde musical ?

C.A. – Je me suis d'abord senti tout à fait un étranger, musicalement. Je m'en souviens, ma première réaction à mon arrivée ici a été de me dire que les standards d'après lesquels on juge ici les musiciens étaient impensables. Les programmes !... Des choses comme *Kreisleriana,* ou les *Davidsbündlertänze,* on n'avait simplement pas le droit de les jouer ! Les organisateurs vous prévenaient. Le concerto de Schumann était considéré comme un suicide. Et Paderewski, les pianistes qui étaient célèbres — vous ne pouvez pas vous imaginer ce que c'était !

J.H. – Et quelles carrières ont été enterrées ici !

C.A. – Adolf Busch ! Ils ne l'ont jamais reconnu. Et vous savez que quand Furtwängler est venu ils l'ont mis en pièces.

J.H. – On le comparait à Toscanini, pour dire qu'il était moins bien.

C.A. – Toujours. L'étalon, c'était Toscanini. Tout un temps, je me suis senti complètement perdu.

J.H. – Des Allemands, vous seul et Serkin avez pu percer. Et il y avait Stock à Chicago.

C.A. – Il était très bon. Un musicien très sérieux.

J.H. – Et Schnabel, naturellement. Pour quelque raison, il a été reconnu assez tôt.

C.A. – Pour des raisons politiques. Il avait eu à s'enfuir d'Allemagne, et ainsi de suite. Il était presque un réfugié.

J.H. – La stature de Toscanini en Amérique a été sûrement exaltée par la politique — son refus de diriger à Bayreuth et à Salzbourg, son refus de jouer l'hymne fasciste en Italie. Les États-Unis avaient besoin d'un musicien comme lui pour s'estimer davantage musicalement, ils se le sont approprié, il était du bon côté et musicalement et politiquement. L'idée était : Il est le plus grand, et il est des nôtres. Le plus grand chef du monde. Le plus grand chef de l'Histoire. Il y a là un symptôme du provincialisme musical américain. On peut interpréter la croissance du prestige posthume de Furtwängler en Amérique comme un déclin du provincialisme qui avait fait de Toscanini son dieu.

C.A. – Le renom croissant de Furtwängler, oui, c'est une merveilleuse confirmation du changement qui s'est produit.

J.H. – Mais on ignore toujours Fischer.

C.A. – Je me demande ce qui serait arrivé si Fischer avait surmonté sa terreur de l'océan.

J.H. – Que croyez-vous ?

C.A. – Je crois qu'en ces temps-là il n'aurait pas eu de succès. Aujourd'hui, si.

J.H. – Même en 1950, il n'aurait pas eu de succès ?

C.A. – Je ne pense pas.

J.H. – Kempff est un autre artiste insuffisamment connu aux États-Unis.

C.A. – Mais beaucoup de gens connaissent ses disques, non ?

J.H. – La plupart sont introuvables dans le commerce.

C.A. – Oh, s'il venait maintenant, et s'il avait dix ans de moins, on l'acclamerait.

J.H. – Vous avez entendu Toscanini en concert ?

C.A. – Oui.

J.H. – Et vous n'avez pas aimé ?

C.A. – Pas du tout.

J.H. – Paul Badura-Skoda, qui a un peu les mêmes goûts musicaux que les vôtres, m'a dit un jour qu'en dépit de ses préventions, il avait trouvé Toscanini très remarquable quand il l'a finalement entendu à Carnegie Hall. La sonorité, il l'a trouvée extraordinaire.

C.A. – La sonorité, le rythme, la précision. Et une certaine transparence. Les gens disaient : Oh, il y a là un dessin mélodique que nous n'avions jamais entendu. Mais quand on en vient à l'interprétation, il n'y avait plus rien. Il ne pouvait simplement pas commencer à faire ce que Furtwängler faisait dans la symphonie en *ut* majeur de Schubert, communiquer *à la fois* la profondeur et la tension de l'âme, et la forme musicale.

J.H. – Et dans l'opéra italien ?

C.A. – Pas davantage. Je veux dire que j'ai entendu à la Scala une *Tosca* avec Claudia Muzio, et j'ai détesté. Trop vite. Les chanteurs ne pouvaient pas respirer. C'était dans les années vingt. Et *Lucia !* Je n'ai pas aimé du tout.

J.H. – Avez-vous jamais rencontré Toscanini ?

C.A. – Oui. Il est venu à une répétition où je travaillais avec Kleiber et le N.B.C. Toscanini et Kleiber étaient amis, Kleiber l'admirait beaucoup. C'était dans les années quarante.

J.H. – Vous l'avez trouvé charismatique ?

C.A. – Je l'ai trouvé impressionnant. Une beauté incroyable. Le modelé du visage était quelque chose d'incroyable.

J.H. – Et l'énergie aussi. Un vrai feu.

C.A. – Oui. *Tannhäuser.* La musique du Venusberg. Cela, c'était inouï.

J.H. – Ah ! Vous avez aimé quelque chose qu'il faisait !

C.A. *(riant)* – Oui. Mais c'est bien la seule. Quand vous parlez de l'énergie — ça, c'était prodigieux.

SOUVENIRS DE BERLIN

La république de Weimar, pour l'Allemagne, c'est à la fois la décadence politique et la floraison culturelle. Dada, l'expressionnisme, le Bauhaus en sont nés. Il nous en reste *Le Cabinet du docteur Caligari, La Montagne magique, L'Opéra de Quat'sous.* Au panthéon de ses héros se retrouvent Brecht et Mann, Piscator et Reinhardt, Einstein et Köhler, Gropius et Moholy-Nagy, Grosz et Kandinsky.

C'est à Weimar que fut proclamée en 1919 la république allemande, mais le centre, c'était Berlin. « Berlin fascine », comme dit Peter Gay dans *Weimar et la culture.* « Le Berlin d'autrefois était impressionnant : ce Berlin-là était irrésistible. Aller à Berlin était le vœu de tout compositeur, journaliste, acteur. Avec ses magnifiques orchestres, ses cent vingt journaux, ses quarante théâtres, Berlin était l'endroit rêvé pour les gens d'ambition, d'énergie, de talent. Où qu'ils aient débuté, c'est à Berlin qu'ils *devenaient,* Berlin qui les rendait célèbres. Berlin était idéalement le foyer où l'outsider pouvait s'établir et se parfaire. »

Alfred Kerr, le critique dramatique écouté, voyait dans la floraison culturelle du Berlin de ce temps un nouvel âge de Périclès, si l'on en croit Bruno Walter dans son autobiographie *Thème et variations.* « Impossible de surpasser ce dont étaient capables les théâtres de Berlin d'alors, en fait de talent, de vitalité, de hardiesse, de diversité. » Walter poursuit : « On expérimentait énormément. Il y avait des bizarreries, des absurdités parfois, mais le signe caractéristique de ce temps, le dénominateur commun, c'était une vivacité d'esprit sans pareil. Et à la vivacité de l'offre correspondait une même vivacité dans la réception. Partout s'affirmait une attention générale, passionnée à l'égard du phénomène culturel, auquel les journaux consacraient tout l'espace normalement dévolu à la politique. »

Avec ses orchestres, ses maisons d'opéra, ses conservatoires, Berlin faisait une consommation colossale de musique. Ferruccio Busoni s'y était établi en 1894, et il fut un peu le maître à penser de ces premières années de Weimar — pianiste, compositeur, et professeur aussi, au conservatoire des Beaux-Arts, où il compta Kurt Weill parmi ses élèves (Weill lui-même sera un temps le professeur d'Arrau). À la mort de Busoni, c'est Schönberg qui lui succéda. Wilhelm Furtwängler reprit la Philharmonie de Berlin en 1922. Artur Schnabel, installé à Berlin en 1922, était tenu pour le plus grand pianiste de la génération de Furtwängler. Son opposé, Edwin Fischer, pianiste passionné, s'était fixé à Berlin depuis 1904.

Arrau fit la connaissance de Fischer quand celui-ci était l'assistant de Martin Krause au conservatoire Stern. (Dans le volume d'hommages, *Gratitude à Edwin Fischer,* on cite la stupéfaction de Fischer s'entendant répondre par le petit garçon du Chili, auquel il prête alors à tort seulement sept ans : « Que voulez-vous que je joue ? Je sais tout Bach. » Les exécutions de concertos de Mozart par Busoni auxquelles Arrau se réfère sont de 1921, quand tout Berlin parlait du style de Busoni dans Mozart. Arrau rapporte aussi des souvenirs de deux indomptables femmes pianistes des temps d'avant Weimar, Sophie Menter, qu'on dit avoir été l'élève préférée de Liszt, et Teresa Carreño, qui compta parmi ses maîtres Gottschalk et Anton Rubinstein, et dont l'un des quatre maris fut un autre grand pianiste, Eugène D'Albert.

Carreño fut une inspiration si nourricière pour le jeune Arrau, et un modèle à tant d'égards si reconnaissable, qu'il faut en dire d'elle un peu plus. Elle était vénézuélienne, mais connut ses plus grands triomphes en Allemagne, où elle résida plus de trente ans et où on l'appelait la Walkyrie du piano. En 1913, un hommage à Teresa Carreño fut édité à l'occasion de son soixantième anniversaire. Voici ce qu'y écrivait Walter Niemann. Sa description de la sonorité de Carreño et de ses caractéristiques techniques évoque le jeu d'Arrau lui-même et annonce ce qu'Arrau lui-même dira de la méthode de Teresa Carreño dans ses remarques sur la technique du piano.

> Je revois deux images du jeu de Carreño. En virilité, en pouvoir hypnotique, il est resté sans égal. D'abord la Carreño de 1880 à 1890, puis la Carreño d'aujourd'hui...
>
> Le jeu de Carreño combine une exploitation poussée aussi loin que possible de la vigueur physique, un modelage masculin de la sonorité, avec une inimaginable légèreté et élasticité du mécanisme dans son entier. D'où son incroyable endurance et sa joie de jouer, son inépuisable énergie. D'où ses octaves fulminantes, qu'elle semble faire sortir de sa manche ; son staccato filé jusqu'à l'impalpable ; l'éclat, l'intensité et l'égalité de ses traits ; et le métal souverain de ses accords, où s'insuffle le plus héroïque des tempéraments...
>
> Quiconque est familier avec le jeu *forte* dur, ferraillant et insistant de tant de nos jeunes pianistes (la sonorité de Liszt mal comprise) respire un air plus pur à retrouver ce *fortissimo* de métal puissant, mais d'une plénitude et d'une beauté absolues. Un maintien royal, une fierté aristocratique, tel est le domaine où cette reine des pianistes règne sans partage. C'est pourquoi les coups d'éclat des soirées Carreño, on les trouve dans les grands concertos héroïques (*L'Empereur*, le *mi* bémol de Liszt, le *ré* mineur de Rubinstein, le Tchaïkovski), les polonaises de Chopin et de Liszt, les grandes sonates héroïques de Beethoven et Chopin, les grandes études de concert de Chopin...

Ainsi se présentait la Carreño dans les années quatre-vingt et quatre-vingt-dix. Son nom était déjà mondial.

La Carreño d'aujourd'hui est une personne d'aussi haut rang, mais bien différente. Quelle maturation en cet automne doré ! Une maturité transfigurée, tant humaine qu'artistique, sublime son jeu d'une façon qui charme et emporte. Elle se plaît aujourd'hui à une tranquille hauteur de vues, une contemplation calme, silencieuse, un soin précieux du détail, le fini de l'exécution, la mesure et l'harmonie de toute une soirée...

Ce bel automne se fait voir sous différents éclairages. Le grand style de la ballade en *sol* mineur de Chopin, ou du deuxième mouvement de la fantaisie de Chopin, nous fait retrouver la Carreño d'autrefois. Chopin est le maître même au service de qui Carreño, en échange de cette réserve accrue du tempérament, trouve d'autres intensités de sensibilité. Beethoven montre à quel point elle a gagné en clarté, avec une objectivité qui rejoint les modèles classiques.

Telle est la Carreño d'aujourd'hui. L'ancienne, maîtresse du style large, était la bien-aimée des foules. La Carreño d'aujourd'hui, peintre plus subtil, et paysagiste, conteuse intimiste, est la bien-aimée des connaisseurs et des gourmets du piano. Ce n'est pas un pas en arrière, c'est un progrès. Il convient de l'honorer aujourd'hui comme aux jours où son tempérament de feu suffisait à mettre à ses genoux l'Ancien Monde et le Nouveau. Salut à vous, reine et maestra des pianistes, de tout notre cœur !

C.A. – La transplantation en Allemagne a été pour moi une chose formidablement saine, salubre, d'un point de vue spirituel. J'y ai développé toute sorte de potentialités que je n'aurais pu développer si j'étais allé en France, par exemple. Le monde musical est plus limité en France qu'en Allemagne. Je serais probablement devenu quelqu'un comme Cortot. Cortot était absolument merveilleux, je l'adorais. Mais il était incapable de jouer la musique allemande. Peut-être Schumann un peu. Mais ni Brahms ni Beethoven, pas du tout. Son Beethoven était sentimental. Je me rappelle comment il jouait le Premier Concerto. Complètement à côté. De la douceur, de la douceur.

J.H. – Et si on vous avait envoyé à Vienne à huit ans ?

C.A. – Vienne. Ça aussi, ç'aurait été très mauvais. Vous savez, Vienne n'a jamais produit un beethovénien simplement acceptable. Récemment, oui : mais longtemps le monde musical de Vienne a été très limité aussi. Les gens qui avaient du succès étaient du genre d'Emil von Sauer. Il jouait très agréablement les valses de Chopin.

J.H. – Il jouait Liszt aussi. Il a enregistré les deux concertos. Mais il devait être très vieux à l'époque.

C.A. – Il avait plus de soixante-quinze ans. Il serait injuste de le juger d'après eux. Mais je l'ai entendu les jouer. Au même concert. Il leur manquait l'accent héroïque. Et un des pianistes les plus aimés à Vienne était Alfred Grünfeld. Il jouait avec élégance, câlinerie. Et les Viennois étaient fous de lui.

J.H. – Mahler était important à Vienne, et Mahler était un musicien de stature. Mais il ne s'est pas arrangé de Vienne.

C.A. – C'est bien la raison. Je me rappelle, aucun grand pianiste allemand n'y a eu de succès. Edwin Fischer, des salles vides. Gieseking, des salles vides. Mais M. Grünfeld : complet !

J.H. – Et Backhaus ?

C.A. – À la fin de sa vie, Backhaus est devenu populaire à Vienne. Mais pas avant. Et Schnabel ! Schnabel n'a jamais eu de public à Vienne. Et il était autrichien !

J.H. – Vous auriez pu aller travailler en Angleterre ?

C.A. – Personne ne serait allé étudier la musique à Londres en ce temps-là. C'était l'Allemagne ou Vienne. Quelques-uns choisissaient l'Italie. Ou la France. Le prestige du Conservatoire était fantastique.

J.H. – Qui a décidé où vous iriez ?

C.A. – Sûrement ma mère, et le reste de la famille. Heureusement ils avaient du bon sens.

J.H. – Pourquoi avez-vous choisi l'Allemagne ?

C.A. – Berlin, jusqu'à l'arrivée de Hitler, était le centre du monde musical. Du temps de la république de Weimar, que je me rappelle fort bien, il y avait la merveilleuse Philharmonie de Berlin, que dirigeait Furtwängler. Il y avait quatre opéras, à un niveau de qualité incroyable : Unter den Linden, avec Furtwängler et Kleiber ; le Kroll Opera avec Klemperer ; le Municipal de Charlottenbourg, avec Bruno Walter ; et la Volksoper avec Leo Blech ! Les quatre maisons se livraient à une concurrence tout à fait saine. Klemperer a osé pas mal de mises en scène d'avant-garde au Kroll.

J.H. – Comment était-il alors, en tant que chef ?

C.A. – Je le trouvais toujours trop rapide. À cette époque-là en tout cas, il était trop rapide. Surtout dans Mozart. *Don Giovanni*... c'était fini à peine on avait commencé. Il a dit quelque chose dont je me souviens. Il disait qu'il divisait les pianistes en deux catégories, ceux qui peuvent jouer les doubles croches lentement et ceux qui ne peuvent pas. Là était son test pour les pianistes.

J.H. – Vous avez déjà mentionné votre début à la Philharmonie avec Muck en 1920. Avec quels autres chefs avez-vous joué à Berlin ?

C.A. – Qui y avait-il ? J'aimais Mengelberg. J'ai joué

plusieurs fois avec lui. Il était bizarre. Dans le *fa* mineur de Chopin, il vous suivait merveilleusement. Tous les rubatos. Et quand je modifiais quelque chose, il suivait aussitôt.

J.H. – Je vous ai entendu affirmer que personne au monde ne vous avait accompagné dans Chopin comme Furtwängler. C'était aussi dans le *mi* mineur ?

C.A. – Oui. Il était lui-même merveilleux pianiste. D'une sensibilité extraordinaire.

J.H. – Qu'est-ce qui le mettait à part ?

C.A. – L'intensité, l'énergie, la liberté, la profondeur. Furtwängler était aussi grand dans Debussy que dans Bruckner et Brahms, et Beethoven, et Wagner. Il a dirigé une merveilleuse exécution des *Cinq Pièces* de Schönberg. Tout ce qu'il touchait devenait or. Liszt, les préludes — mon Dieu ! Tout ce qu'il faisait me transportait. *Tristan et Isolde ! Otello !*

J.H. – Busoni était votre autre idole. Vous l'avez souvent entendu jouer ?

C.A. – Très souvent. Jamais je n'oublierai ses concertos de Mozart.

J.H. – À quoi ressemblait son Mozart ?

C.A. – À rien d'autre qu'on ait entendu. Toujours dramatique, emporté. Il avait ses idées à lui sur tout. Vous ne pourriez pas dire à un élève : prenez ce concerto comme lui. Mais c'était si merveilleusement fait — une création authentique, que vous ne pouviez que vous rendre. Mais ce n'était pas une interprétation définitive. C'était incroyable. Je me rappelle une incomparable sonate de Liszt, une incomparable *Hammerklavier.*

J.H. – Dans le premier volume de son autobiographie, voici ce qu'Arthur Rubinstein dit de Busoni : « Avec son beau visage pâle, comme un Christ, et sa technique diabolique, Ferruccio Busoni était le plus intéressant pianiste en exercice, et de loin. Quand il jouait Bach, son toucher inexplicable produisait à son gré des sonorités d'orgue, ou de clavecin — une combinaison idéale ! Son tempérament et sa maîtrise étaient tels que ses exécutions de Liszt étaient sans concurrence. En fait, il faisait paraître les œuvres plus grandes qu'elles ne sont. Sa façon de jouer l'illustre *Campanella* était étourdissante, mais je dois avouer que dans Beethoven et Chopin il me laissait froid. À ma grande surprise il approchait les dernières sonates de Beethoven dans une humeur sarcastique, prenant les plus grandes libertés avec les mouvements et le rythme, tandis que son Chopin, toujours brillant techniquement, manquait de la tendresse et de la chaleur qui y sont si importantes. »

C.A. – De Chopin, les préludes, tels que Busoni les jouait, étaient incroyables. Pas le Chopin habituel, avec cosmétiques. Mais extraordinairement beau. Un peu déconcertant en effet, mais si excitant, et neuf !

J.H. – Et cette remarque de Rubinstein, sur les dernières sonates de Beethoven...

C.A. – Je vous demande pardon, mais c'est ridicule. De grandes libertés, certes. Il n'y a pas d'autre façon de les jouer, les dernières sonates. Mais le sarcasme ?

J.H. – Et Busoni dans Bach ?

C.A. – Son Bach était orchestral, la sonorité très sensuelle. Je ne l'aimais pas. Et il jouait essentiellement ses propres transcriptions. Je trouvais ça théâtral. Vous savez, mon professeur italien, Rita Bötticher, était très liée à Busoni. Elle est venue à un de mes récitals Bach en 1935, et n'a pas du tout aimé ça ! « C'est académique, disait-elle. Pourquoi ne pas utiliser un peu votre imagination ? Pourquoi ne pas mettre la pédale ? »

J.H. – La description la plus évocatrice que je connaisse du jeu de Busoni est celle d'Edward Dent. Voici ce qu'il dit de son interprétation des dernières sonates de Beethoven :

> L'entendre jouer ces sonates était une expérience vaguement terrifiante. Les rapports dynamiques et rythmiques étaient traités avec une telle liberté et une telle largeur qu'on semblait être transporté à des hauteurs vertigineuses afin d'apprendre à fixer les profondeurs d'un regard qui peu à peu se calme. Le lieu ultime de désencombrement et de sérénité était atteint avec l'ariette et les variations de la sonate en *ut* mineur. Comme il la jouait à Londres, un critique déjà âgé tapota l'épaule d'un jeune collègue et lui glissa : « Vous savez, je crois bien que cet homme est ivre ! »

C.A. – Alors c'est l'ivresse dont Goethe parle — l'ivresse sans le vin ! Une ivresse créatrice. Il était capable de moments pareils.

J.H. – Est-ce que Berlin considérait Busoni comme la personnalité musicale la plus importante ?

C.A. – Oui, dirais-je. Avec Furtwängler.

J.H. – À en juger par ses disques, Furtwängler aussi pouvait passer pour ivre. Ivre de sentiment. Comme si son esprit était habité par quelqu'un d'autre.

C.A. – Exactement. C'est être possédé.

J.H. – Vous semble-t-il qu'il s'agisse d'un trait relativement fréquent dans le Berlin des arts, à cette époque ?

C.A. – Oui. Au théâtre aussi. Tous les plus grands acteurs cultivaient ce don, jusqu'à l'extrême. Ils vous faisaient croire qu'ils devenaient le personnage qu'ils jouaient.

J.H. – Que s'est-il passé ? C'est différent à présent ?

C.A. – Les artistes ont peur. Ils prennent peur devant

quelque forme de passion que ce soit. Et les jeunes gens ont peur même de l'émotion.

J.H. – Qui d'autre pourriez-vous citer à Berlin, de ces interprètes possédés ?

C.A. – Edwin Fischer, absolument. Très rarement sur ses disques. Mais il avait ce don divinatoire. Oh, il l'avait à un degré extraordinaire. Il y avait aussi Eduard Erdmann, un pianiste que personne ne connaît ici. Lui aussi quand il jouait il était possédé — dans un autre monde. Peu avant de mourir, il a enregistré les trois dernières sonates de Schubert. Ce n'est pas, mais pas du tout, ce qu'il faisait en concert. Il était terriblement nerveux en face du microphone. Reste que ce sont de très beaux disques. J'ai une fois entendu Erdmann et Gieseking jouer en récital à quatre mains. C'était tellement drôle. Les deux bonshommes, voyez-vous, étaient des géants, avec de grandes mains et de grands bras. Et ils ont commencé tous les deux à marmonner et faire toute sorte de bruits, surtout dans Schubert, tant leur excitation était grande. C'était du piano splendide. Mais les gens riaient quand même sous cape, un peu.

J.H. – Vous admiriez Gieseking ?

C.A. – Parfois. Inoubliable dans *Kreisleriana*, les *Davidsbündlertänze*, les *Variations Bach* de Reger. Ces trois choses-là — inoubliables. Vous savez, il n'était pas un gros travailleur. Il laissait tout à l'inspiration du moment. Des fois, ça marchait, d'autres fois, moins. Mais sa sonorité, de toute façon, n'allait pas à Beethoven, il me semble. Je ne l'appréciais pas beaucoup non plus dans Debussy — ce qui doit surprendre, parce qu'il est surtout connu comme interprète de Debussy. Les *pianissimi* immatériels étaient fantastiques. Mais il n'allait pas au-delà de la surface sonore. J'admirais Erdmann tellement plus comme musicien.

J.H. – Edwin Fischer a étudié avec Martin Krause. Y a-t-il un moment où vous avez travaillé ensemble ?

C.A. – Il finissait juste quand j'ai commencé chez Krause. Je l'ai vénéré d'emblée. Je ne pouvais le considérer comme un élève, quoiqu'il en fût un encore. Il n'avait pas une technique sensationnelle, vous savez. Mais ça ne comptait plus. Il y avait alors tout ce groupe de pianistes qui considéraient la technique comme accessoire. Kempff aussi le croyait. Je ne pense pas qu'il se soit jamais imposé d'exercices. Ni Erdmann. Schnabel pas davantage. Tous considéraient que c'était au-dessous de leur dignité. Je me rappelle des discussions à ce sujet entre Krause et Fischer. Krause disait : Pourquoi vous ne travaillez pas votre piano ? Faites donc quelques exercices. Mais tous ne pensaient qu'à faire de la musique.

J.H. – Vous pouvez les comprendre.

C.A. – Oui. L'attitude est merveilleuse. Mais en même temps elle est un peu amateur.

J.H. – Si nous parlions un peu de Schnabel ? Vous m'avez dit une fois qu'à Berlin il était beaucoup plus régulier qu'il n'est devenu par la suite.

C.A. – Il était impeccable. J'imagine que les choses ont changé quand il a eu ses histoires avec les nazis, et qu'il a dû quitter l'Allemagne. C'est à ce moment qu'ont commencé tous ses problèmes techniques, tous ces trous de mémoire. Et cette chose névrotique s'est mise dans son jeu, cette précipitation impulsive. Plus la musique devenait techniquement difficile, plus il pressait, ce qui est une réaction névrotique, pour s'en sortir plus vite. Oui, il lui est arrivé de devenir terrible, plus tard. Mais alors, il était impeccable. Toujours. Et il n'était pas sans technique, pas du tout ! Je l'ai entendu jouer le *Konzertstück* de Weber, magnifiquement. Et le Premier Concerto de Chopin ! On aurait dit un peu du Bach, mais pianistiquement c'était merveilleux.

J.H. – Je sais que vous admirez particulièrement Teresa Carreño.

C.A. – *(murmurant)* Oh, c'était une déesse ! Elle avait cet incomparable élan, cette puissance. Je n'ai jamais entendu personne emplir la Philharmonie de Berlin, la salle d'autrefois, avec une telle sonorité. Je ne crois pas que quiconque soit capable aujourd'hui de jouer de telles octaves. La vitesse, et la puissance !

J.H. – Et les octaves de Horowitz ?

C.A. – Horowitz ne joue jamais d'octaves sur un trop long temps. Au bout d'un moment, il se raidit. Teresa Carreño jouait la sixième *Rhapsodie hongroise* de Liszt sans coupures, et à la fin on pensait que la salle aurait pu s'écrouler, s'effondrer dans cette splendeur de son. Il y avait chez Teresa Carreño un mélange d'instinct latin et d'éducation allemande. D'abord elle a étudié en France. Plus tard elle a beaucoup changé, elle a beaucoup appris d'Eugène D'Albert — un de ses maris. Elle est devenue une grande beethovénienne. Elle était meilleure pianiste que D'Albert lui-même, qui était en revanche le meilleur musicien. Je me rappelle lui avoir entendu jouer une fois avec Nikisch le Troisième, le Quatrième et le Cinquième de Beethoven en un seul concert. On n'avait jamais l'impression qu'elle pût se montrer fatiguée, ou perdre de son intensité. Et elle était très belle. Je m'asseyais toujours au premier rang à ses concerts. Elle arrivait rayonnante, comme heureuse à l'idée de jouer. Elle avait des robes sans manches, en sorte qu'on voyait jouer ses muscles, comme ils étaient forts, et détendus, et comme ils fonctionnaient, avec quelle souplesse, quelle mobilité. Après les concerts on m'emmenait la voir.

Je me rappelle qu'une fois elle a dit : « Oh, on a une telle difficulté à travailler avec les enfants ! J'ai sur mon piano un pistolet chargé. Et j'ai menacé tous mes enfants : si vous ouvrez la porte, je tire ! »

J.H. – Busoni et Carreño sont les deux pianistes qui vous ont le plus marqué ?

C.A. – Eux deux. Carreño plus que D'Albert, parce qu'il ne travaillait jamais. Il avait commencé par avoir une formidable technique. Ensuite il a cessé de s'intéresser à son piano, préférant composer. Et pourtant ses interprétations de la sonate de Liszt restaient merveilleuses. Des fausses notes partout, des traits sabotés. Mais le sentiment, l'idée, étaient magnifiques : la coordination de l'ensemble, chaque idée procédant de la précédente.

J.H. – En ces temps-là, les fausses notes ne comptaient pas trop ?

C.A. – Non. On les attribuait au génie.

J.H. – Vous voulez dire qu'on les aimait ?

C.A. – Oui. On y voyait le droit du génie.

J.H. – Qui d'autre avait ce droit ?

C.A. – Conrad Ansorge. Un superbe musicien. Il lui arrivait de ne rien pouvoir jouer d'autre que des fausses notes. Je me rappelle Krause disant quand on faisait des fausses notes : « Aucune importance. Continuez. »

J.H. – Les disques sont sûrement cause qu'on ne les accepte plus de façon aussi libérale.

C.A. – J'imagine que c'est la raison, en effet. Et puis il y a ce stupide perfectionnisme dont les gens font un si grand cas. L'autre jour, un de mes anciens élèves, jeune pianiste lui-même, est allé à un concert de je ne vous dirai pas qui.

Je lui ai demandé comment c'était, parce que d'habitude je ne raffole pas de ce pianiste en particulier. « Ça ne voulait pas dire grand-chose, mais c'était impeccable. Sans faute. Pas une fausse note de toute la soirée. » Est-ce si important ?

J.H. – Une révolution s'est produite en cinquante ans dans la façon dont les gens jouent et écoutent. Les disques de D'Albert sont incroyablement approximatifs. Ils ne passeraient pas aujourd'hui. Les fausses notes de Cortot ne serait plus acceptées. Fischer ne serait pas accepté. La simple idée de Fischer faisant un disque moderne est contradictoire. Vous vous rendez compte ? Le directeur artistique lui dirait : Voulez-vous rejouer l'exposition, de façon que nous puissions corriger les fausses notes ? — d'ailleurs il ne pourrait pas !

C.A. – C'est vrai.

J.H. – Et nous n'avons plus ni de Cortots ni de Fischers. Plus personne ne joue avec ce genre de liberté.

C.A. – Ou ce genre de noblesse. Ah ! Je ne trouve pas d'autre mot pour exprimer ce que je sentais les rares fois où Fischer se contrôlait entièrement. On n'avait pas le sentiment d'avoir affaire à un pianiste. Mais à un poète.

J.H. – Comme si le piano était une distraction. Les disques de Cortot donnent la même impression. Un grand musicien qui n'a pas le temps de travailler.

C.A. – Oh non. Cortot travaillait beaucoup. D'Albert et Ansorge ne travaillaient pas. Mais Cortot savait exactement comment il devait faire. Il a écrit tous ces exercices. Ses problèmes, je pense, étaient plutôt psychologiques.

J.H. – Et tous ces célèbres pianistes de Russie ou de l'Europe de l'Est, Paderewski, Hofmann, Godowsky, Horowitz, Rachmaninov ? Vous les avez entendus à Berlin eux aussi ?

C.A. – Oh oui, naturellement. C'est bien d'en parler, parce que cette admiration qu'on inculque aujourd'hui aux jeunes à leur endroit, c'est si malsain. Ça n'a aucun rapport avec la réalité. Paderewski n'était pas un grand pianiste. Très célèbre, mais pas grand. Ni Hofmann — je l'ai bien souvent entendu. Godowsky était un technicien prodigieux, mais son jeu était assommant. Il ne jouait jamais fort — jamais au-dessus du *mezzo forte*. Le cas de Horowitz est spécial. Une fantastique électricité. Lui, c'est sûrement un grand pianiste. Je les ai tous entendus. Je ne sais pas si j'ai le droit d'être si franc.

J.H. – Et Rachmaninov ?

C.A. – Rachmaninov était un authentiquement grand pianiste, mais pas un grand interprète, parce que tout ce qu'il jouait devenait du Rachmaninov. Il a fait sensation à Berlin après la Première Guerre. J'ai entendu de lui plusieurs récitals, ce devait être dans les années vingt. Techniquement, c'était phénoménal. Mais la sonorité, je trouve, n'était pas bonne. Et l'interprétation, terrifiante. Il ne semblait même pas se préoccuper de ce que le compositeur avait voulu dire. Il ajoutait quelques mesures de son cru à la fin de la marche funèbre de la sonate de Chopin. Vous savez, un jour je jouais les variations *Eroica* de Beethoven à Chicago, et Rachmaninov est venu me voir à la fin, pour me dire comme c'était beau. Il n'avait jamais entendu parler de l'œuvre, avant ! Il était très amical, très flatteur. Mais il n'était même pas surpris d'avoir pu les ignorer jusque-là. Les *Eroica !*

J.H. – Horowitz aussi a fait sensation à Berlin. Vous avez entendu ses premiers concerts ?

C.A. – Oh oui ! Nous avions à peu près vingt ans l'un et

l'autre. Je me rappelle qu'il a joué les quatre ballades de Chopin, la sonate de Liszt, et la sonate à la marche funèbre de Chopin. Il a aussi joué, et très bien, les trente-deux variations de Beethoven. Oh il m'a énormément impressionné. Je n'ai jamais entendu jeu aussi volcanique. Je me rappelle que j'étais avec ma mère au premier rang de la Beethovensaal, et j'étais stupéfait de ce qu'il pouvait faire, en dépit de cette incroyable raideur de ses bras. Le premier mouvement de la *Sonate funèbre* — jamais je ne l'oublierai. Le deuxième thème ! Ma mère, qui était si musicienne, personne ne pouvait trouver grâce à ses yeux. Mais ce soir-là elle a dû se rendre ! En rentrant à la maison elle m'a dit : « Tu ferais aussi bien d'aller te mettre à ton piano et de travailler, parce qu'il joue mieux que toi » *(il rit)* !

J.H. – Vous avez rencontré Horowitz à Berlin ?

C.A. – Jamais. J'étais trop timide. Je ne connaissais personnellement personne.

J.H. – Qui d'autre parmi les pianistes d'alors vous a laissé une forte impression ?

C.A. – Saint-Saëns ! Rejeté en arrière avec sa grande barbe, et son gros ventre, et jouant du piano avec une facilité incroyable. Je l'ai entendu jouer deux de ses compositions avec orchestre, la fantaisie *Africa*, et le *Gâteau de mariage*. Les gammes les plus égales qu'on puisse imaginer, et une grande puissance dans les doigts. Glacial, mais stupéfiant. Et puis il y avait Sophie Menter, qui était une très proche amie de Martin Krause. Il m'a conduit chez elle un jour. Elle vivait à l'extérieur de Munich avec cinquante chats. Elle détestait le genre humain, et elle haïssait sa propre fille. Je me rappelle qu'elle avait un grand jardin tout entouré de grillage de poulailler, pour que les chats ne se sauvent pas. En tout cas, c'était une dame impressionnante, toujours étonnamment belle. Et très élégante aussi, avec beaucoup d'admirables bijoux. Elle racontait qu'ils lui avaient tous été donnés en Russie, par la famille royale. Quand elle jouait, la Cour se dépouillait de ses bijoux pour les lui lancer en scène, à ses pieds. Krause lui a dit : « Jouez quelque chose, je vous prie, pour que ce gamin puisse vous entendre. » Elle a commencé par refuser. Elle a fini par jouer des passages du concerto en *la* majeur de Liszt. Elle se plaignait d'être incapable de jouer, disant qu'elle ne s'exerçait plus. Mais c'était très beau. Elle devait avoir dans les soixante-dix ans.

J.H. – D'autres souvenirs de la vie artistique de Berlin que vous voudriez mentionner ?

C.A. – Je me disais que dans les années vingt tout ce mouvement commençait dans le monde de la danse, avec Mary Wigman. C'est elle qui a inspiré Martha Graham et tout le mouvement américain contemporain. Avant la guerre, elle allait chaque saison aux États-Unis avec sa troupe. La danse avait un formidable impact à Berlin à l'époque. Je me souviens d'avoir vu Palucca danser dans un stade, devant peut-être vingt mille personnes. Elle avait adapté son style, les pas et les gestes tous élargis.

J.H. – J'ai entendu Christopher Isherwood parler du public de Berlin entre les deux guerres. Il disait combien étonnant était le niveau d'intelligence qu'on pouvait trouver même dans une salle de cinéma.

C.A. – Les discussions à la sortie du *Cabinet du docteur Caligari* — je n'imagine pas que quelque chose de pareil puisse se reproduire. Et naturellement les gens au concert étaient extrêmement sérieux et attentifs. En fait, je n'imaginais pas qu'il pût exister une autre attitude. Quand je suis allé dans d'autres pays, je n'en ai d'abord pas cru mes yeux. À l'époque, en Italie, et en Espagne, les gens parlaient pendant la musique, ou bien sortaient et entraient. À

Berlin, c'était bien différent. Je suis sûr que Berlin a connu dans les années vingt, une des floraisons culturelles les plus magnifiques de l'histoire. La ville offrait tellement dans tant de domaines, et tout y semblait tellement plus important qu'ailleurs.

J.H. – Pourquoi une telle floraison ?

C.A. – La misère était grande, savez-vous ? Les gens crevaient de faim. Pas de travail. De telles époques sont étrangement fécondes. La vie était si impossible que les gens cherchaient refuge dans la culture.

J.H. – Et vous étiez tout près de cela — la difficulté de la vie quotidienne.

C.A. – Oh oui. Quand ma bourse n'a pas été renouvelée, nous avons connu des moments très durs. Nous crevions de faim. Nous n'avions pas le sou. Ma mère ne parlait pas un mot d'allemand. Ma sœur parlait, mais même les Allemands avaient du mal à trouver du travail. Pour les étrangers c'était presque impossible. J'essayais de trouver des élèves. Il fallait que j'aille à pied jusque chez eux, parce que je n'avais pas l'argent du métro.

J.H. – En sorte que vous avez éprouvé vous-même la misère de ce temps.

C.A. – Oui, et je ne le regrette pas.

TECHNIQUE DU PIANO

Dans *Anatomie d'une maladie,* récit de sa guérison d'un mal réputé incurable, Norman Cousins consacre un chapitre aux rapports entre créativité et longévité. Il y décrit en détail le régime de vie de Pablo Casals, qu'il est allé voir à Porto Rico peu avant son quatre-vingt-dixième anniversaire. Le matin, à son lever, rapporte Cousins, Casals avait du mal à s'habiller. Il souffrait d'emphysème et d'arthrose rhumatismale. « Il était péniblement courbé, la tête penchée en avant, et traînant les pieds. Ses mains étaient enflées, ses doigts raides. » Ensuite, jouant Bach au piano avant son petit déjeuner, les doigts de Casals se dégourdissaient, son dos se redressait, il semblait respirer plus librement. Ensuite, jouant Brahms, « ses doigts, agiles et puissants à présent, couraient sur le clavier avec une vitesse surprenante. Son corps tout entier semblait infusé de musique, sans plus de raideur ni d'embarras, mais souple à nouveau, aisé de mouvement, complètement libéré de ses nœuds arthritiques ». En ayant terminé avec son piano, Casals se levait, plus droit et plus grand. « Il allait à son petit déjeuner sans traîner les pieds, et mangeait de bon cœur, parlant avec animation. Ayant fini son repas il s'en allait faire sa promenade sur la plage. »

Arrau a souffert quelques années d'une raideur de la nuque qui pouvait lui donner en scène l'air fatigué et mal à l'aise. Mais le piano le ressource et le fait revivre. Par moments, dans un effort de concentration où il se réfugie, ses yeux semblent se durcir, sa tête avance et s'incline. Mais la musique, sitôt qu'elle l'habite, semble le détendre. Une heure plus tard, il se tient assis droit, le regard libre.

Son visage aussi se transforme au clavier. Les traits, qui pouvaient paraître égarés ou inertes du fait de l'épuisement nerveux, s'enflamment. Chose caractéristique, ce qu'ils suggèrent est un masque tragique. Les lèvres d'Arrau retombent et se raffermissent et ses sourcils, qui sont félins, s'arquent vers le haut. Aux moments de plus exigeante intensité, les yeux semblent exploser, le souffle se fait plus profond, plus serré. Il inspire et expire avec une plus audible vigueur. Mais à la sortie, resplendissant dans sa cape du soir, on le retrouve vif, lumineux, toute l'anxiété déchargée, consumée.

Chez certains pianistes, la tension émotionnelle devient tension physique, qui leur contracte les mains. D'autres, dont les doigts sont souples, seront émotionnellement plats. Chez Arrau se juxtaposent étrangement ce poids du sentiment et cette légèreté du corps (il ne transpire même pas), et c'est ce qui explique ses réserves inépuisables à la fois d'émotion et de technique. La simple fraîcheur de son énergie a quelque chose d'éblouissant. Ayant déjà joué une sonate de Beethoven, les *Études symphoniques* de Schumann, un groupe de Debussy et la fantaisie en *fa* mineur de Chopin, il s'embarque dans la sonate *Dante* de Liszt, semblant semer sous ses doigts trilles et arpèges, glissant entre les herses d'octaves. Les articulations expressives sont tenues serré, et pourtant le corps même semble exsuder les traits avec une infatigable équanimité. Quinze jours avant son soixante-dix-huitième anniversaire, il joua en trois soirées consécutives un programme comportant les Quatrième et Cinquième Concertos de Beethoven. À la fin de chaque soirée, Arrau était resplendissant. Le chef, Gerard Schwarz, de quarante-six ans son cadet, était épuisé et en nage. Quatre jours plus tard, alors qu'Arrau était allé donner deux *Empereur* de plus à Montréal, Schwarz remarquait : « Jamais je ne me suis senti à ce point tendu. Jamais je n'ai eu autant de mal à me rendre en scène que le premier soir. À la fin de ce premier concert, j'avais une crampe à mon bras gauche. Je n'ai aucune tension particulière quand je dirige, ni mal au dos, ni rien : mais après ce concert mon bras gauche était anéanti. Je ne comprends toujours pas pourquoi. Sauf que pour moi c'était un événement fantastiquement important. »

Si Arrau équilibre à un tel degré intensité et détente, ce n'est pas un hasard. À ses étudiants il recommande la lecture de *Zen et tir à l'arc*, un livre d'Eugen Herrigel qui fait apparaître cette relation. Pour le maître du Zen qui guide Herrigel dans l'art du tir à l'arc, la prouesse athlétique demande qu'on s'éduque soi-même à l'oubli de soi, afin de retrouver l'immédiateté des réflexes de l'enfance. Le visage torturé d'Arrau, ses respirations de détresse sont des outrances qu'aucun maître du Zen ne prescrirait. Pourtant, phrase après phrase, le livre de Herrigel semble prendre exemple du jeu de piano tel que le pratique Arrau :

> Il vous faut apprendre à laisser vos muscles du bras et de l'épaule détendus, comme s'ils n'étaient que des témoins impassibles. Seulement quand vous y serez parvenu vous aurez rempli une des conditions qui permettent au tir à l'arc d'être une expérience spirituelle.
>
> Le maître suivit attentivement mon essai, corrigea tranquillement ma position exagérée, me félicita pour mon enthousiasme, mais me réprimanda pour l'excessive dépense d'énergie. Pour le reste, il me laissait faire. Mais il touchait chaque fois un point sensible quand, au moment où je tendais l'arc, il me rappelait : « Détendu ! Détendu !
>
> « Ne pensez pas à ce que vous avez à faire, ne vous demandez pas comment vous y arriverez, insistait-il. Le tir se fera en douceur seulement quand il prendra par surprise le tireur lui-même.

« J'attends de vous par-dessus tout que vous ne vous laissiez pas troubler par la présence des spectateurs. Allez au bout de la cérémonie comme si nous étions entre nous. »

Non moins pertinentes les remarques de Herrigel sur l'art de l'épée :

> Le maître d'armes se tient sur la réserve, sans aucun goût de la montre. La raison de l'échec est que l'élève n'arrive pas à cesser d'observer son adversaire et le jeu de l'adversaire ; il étudie son jeu, surveillant le moment où il pourrait le prendre en défaut. Autrement dit, il se fie constamment à son art et à son savoir. À ainsi faire, il perd la présence du cœur. Plus il s'emploie à faire dépendre le brio de son exécution de sa propre conscience, plus il inhibe le libre jeu de son cœur. Comment l'adresse se fait spirituelle, comment le contrôle souverain sur la technique se mue en jeu magistral ? Cela n'arrive que chez ceux des élèves qui oublient leur individualité propre, et leur but.

Arrau prêche semblablement contre cette façon de tout faire reposer sur la volonté propre. Sans ses inhibitions, l'impulsion physique coule de soi et suffit. Elle n'est pas compétente seulement. Elle est créatrice.

Arrau jeune se fiait à l'intuition. Ses mouvements au piano étaient, rappelle-t-il, ceux d'un chat. Ultérieurement, en partie pour son propre bénéfice, en partie pour mieux enseigner, il s'est aidé d'un miroir, et du film même, pour mieux étudier sa technique. Son observation fondamentale est qu'un corps de pianiste doit être détendu ; que des bras et des épaules raidis, des doigts faits acier (sauf pour un effet musical spécifique, à l'occasion) font obstacle à la spontanéité de l'expression. Et son procédé fondamental pour éviter une telle tension, il a observé que c'était de se reposer sur le poids naturel du corps. Plutôt que de peser sur les touches, laisser la pesanteur agir à sa place.

Le fait est que, si on l'observe de près, Arrau au piano

n'évoque rien autant qu'une marionnette qu'on agite. Et il tire les bénéfices de sa liberté et de sa versatilité mécaniques. À la différence de tant d'instrumentistes, qui privilégient une position des mains à peu près invariable, il situe doigts, poignets, coudes et épaules selon des angles et des hauteurs variés, réajustant leviers et articulations selon qu'il est opportun. Selon leur volume, leur vitesse, leur facilité d'accès, il attaque les trilles, par exemple, avec le poignet haut ou bas, fixe ou en rotation. Il est fréquent que le bras lui-même s'engage dans le trille : c'est le cylindre tout entier, des doigts à l'épaule, mou et flexible comme une poupée de chiffons, qui tourne sur son axe. Parfois la main se met très bas et appuie sur les touches comme par des pressions qui les ramèneraient vers le corps. Mais alors, pour un accent soudain, les doigts deviennent pistons, frappant de plus haut, perpendiculairement. Pour ajouter du volume, les mains reçoivent la secousse des poignets. Le redoublement du coup fait frémir ses épaules et lui rejette la tête en arrière.

Ses doigtés, pleins d'idiosyncrasies, portent témoignage pour la flexibilité de ses articulations. Dans l'introduction de la *Sonate pastorale,* de Beethoven, les liaisons embarrassantes entre les voix à la main droite sont assurées sans l'aide de la pédale de la façon suivante :

Dans le premier mouvement du concerto *L'Empereur,* il s'oblige lui-même à articuler clairement des figures en tierces qui sont habituellement barbouillées, s'imposant un doigté laborieux que bien peu de pianistes iraient chercher ou oseraient adopter :

Ses mouvements vers les touches ou depuis elles ne sont jamais brusqués. Dans un tempo rapide, et avec beaucoup de notes sous les doigts, sa méthode souple, économe requiert un ralentissement : mais les préparations demeurent liquides, régulièrement rythmées. Caractéristiquement, sa main levée se fait masse, encore chargée à l'extrémité des doigts : en retombant, la main se déploie comme ferait un mouchoir qui tombe, un parachute, pour se poser, ouverte, sur les touches.

Outre l'agilité, le brio physique, la liberté émotionnelle, la technique d'Arrau produit un son distinctif. Dix doigts agiles, individuellement chargés, attachés à ces poignets tournants qui garantissent un accès égalitaire aux touches, sont producteurs de clarté et de polyphonie. Quant à l'appui naturel sur le poids du corps, il est producteur d'une sonorité profonde, sans stridence ni rudesse.

J.H. – Y a-t-il un type de sonorité que vous vous proposez de produire ?

C.A. – Le son qu'on peut produire sans frapper le piano. Sans marteler — ce qui est laid. Cela implique que le corps reste détendu, et qu'on utilise le poids du haut du corps tout entier. Une des premières choses que j'enseigne à mes élèves, c'est de laisser tomber le plein poids du bras. Cela implique qu'on lève le bras complètement, et pas seulement à partir du coude. Il faut développer en soi-même l'idée du bras comme une unité, sans le diviser en main, poignet, avant-bras, coude. Le bras doit devenir quelque chose comme un serpent. Il est important, par exemple, de ne jamais penser à l'action des doigts comme pouvant être indépendante de celle du bras. Une chose pareille ne devrait pas exister.

J.H. – Est-ce que cela vous fait vous sentir lié au clavier de façon plus intime ?

C.A. – Exactement. L'idée est de ne plus faire qu'un avec l'instrument. De n'avoir plus le piano en face de soi comme une chose inerte, qu'il faut attaquer. Naturellement, parfois, il faut donner de la puissance, et il faut bien que l'instrument la produise. Mais il ne faut pas brutaliser le piano.

J.H. – Qu'en est-il du jeu legato, comme un des aspects de la recherche d'une sonorité non percussive ?

C.A. – Selon certains, le legato serait étranger au piano. C'est une absurdité. Il va de soi qu'on n'obtient pas le legato en maintenant un doigt sur une touche jusqu'à ce que le doigt suivant ait pressé la touche suivante. Le legato est quelque chose que Martin Krause s'attachait extrêmement à enseigner. Il demandait à ses élèves de travailler sans la pédale. Il me semble que la technique du legato est moins travaillée aujourd'hui. Plus d'une fois j'ai écouté des pianistes en me disant : c'est très beau, mais enfin on dirait du Prokofiev, alors que c'est censé être du Beethoven.

J.H. – Vous avez une passion pour les doigtés legato. Quand vous jouez des octaves legato, vous ne vous contentez pas de lier les notes extrêmes, mais aussi les autres, en traînant le pouce.

C.A. – J'imagine que c'est là une invention à moi, car je ne l'ai jamais entendu rapporter de personne d'autre. J'utilise en effet un mouvement de rotation du pouce *(tout en parlant, Arrau démontre : et son pouce aux articulations de caoutchouc se traîne comme une chenille d'une touche blanche à une noire. La phalange supérieure escalade la touche noire tandis que l'inférieure maintient contact avec la blanche).*

J.H. – Outre vos doigtés connecteurs, y a-t-il d'autres principes particuliers que vous appliquez aux traits legato ?

C.A. – Ne jamais jouer deux notes avec la même force. C'est le seul moyen d'imiter la voix humaine. À cet effet, le mouvement ascendant et descendant du bras, le mouvement latéral aussi sont très importants. C'est une question de discipline. Il faut se rappeler qu'on a à chanter. Les notes doivent se mouvoir en vagues.

J.H. – Vous voulez dire que vous vous figurez que vous entendez chanter, ou que vous chantez vous-même ?

C.A. – C'est ce que faisait Krause. Notamment si l'un de nous était incapable de produire un *cantabile,* il le faisait chanter, et reproduire au piano ce qu'il avait chanté. C'est ce que je fais moi-même, quand j'étudie un morceau et qu'il y a une section que je ne comprends pas bien. Je me la chante à moi-même, encore et encore, jusqu'à ce que soudain je puisse la faire chanter par le piano. Le chant m'a toujours intéressé, — pas le phrasé seulement ; mais aussi les gestes des bons acteurs lyriques. Dans ma jeunesse, nous formions même un petit groupe d'opéra, qui comprenait les filles de Krause. Je me rappelle un *Trouvère* que nous avons monté. Je faisais Luna, le baryton. Nous chantions tout, — à l'exception des chœurs.

J.H. – Quand vous suggérez de phraser au piano comme avec la voix, est-ce que vous voulez dire aussi prendre les respirations du chanteur ?

C.A. – Le fait est que dans la musique du XIXe siècle toutes les phrases musicales ont quelque chose à voir avec l'acte de respirer.

J.H. – Je sais que vous n'appliquez pas ce principe seulement aux cantilènes lentes, comme par exemple les *Nocturnes* de Chopin, mais même à des traits legato rapides, comme dans les concertos de Chopin, ou encore ces traits à forte charge lyrique qu'on trouve dans les mouvements impairs du Quatrième de Beethoven.

C.A. – Jouer ces traits comme des mélodies qui vont vite, c'est une chose à quoi je me suis toujours efforcé. Ce qui donne un sens aux traits très rapides, c'est la gradation dynamique. On ne peut en jouer les notes selon une dynamique uniforme. Je me dis parfois qu'on a eu tort d'enseigner depuis un siècle à tant de gens à jouer des gammes aussi égales que possible, takatakataka : comme une machine à écrire. C'est ce qu'ils ambitionnent tous.

J.H. – Pour phraser dans les traits rapides, a-t-on surtout besoin de la force des doigts ?

C.A. – Et de la position de la main. Vous voyez, on avait l'habitude de ne pas lever le poignet, et beaucoup de jeunes jouent encore ainsi. Mais du moment où vous pouvez lever le poignet, et la totalité du bras avec lui, le phrasé s'établit tout naturellement. Il faudrait vraiment essayer de mettre des nuances dans tous les traits, y mettre de l'âme, comme disent les Allemands. Le premier mouvement du Quatrième Concerto de Beethoven, que vous avez mentionné, en est un très bon exemple. Il faut faire apparaître du sens, un climat, même dans les arpèges de la main gauche.

J.H. – Vous insistez pour donner du caractère même à des traits qui chez Chopin sont supposés n'être que filigrane. C'est apparent en particulier dans vos enregistrements de la ballade en *sol* mineur.

C.A. – Je ne me rappelle pas avoir entendu ne serait-ce qu'une exécution décente de cette ballade. Les autres ballades, j'ignore pour quelle raison, sont généralement mieux jouées que la *sol* mineur. Les pianistes la divisent habituellement en sections poétiques, et en sections où ils puissent courir la poste.

J.H. – Un autre exemple qui me vient à l'esprit est la façon dont vous articulez les traits arpégés de la main gauche dans les premières pages de la sonate de Liszt. Dans bien des exécutions, ce n'est que barbouillage.

C.A. – Cela a à voir aussi avec un mode de pensée polyphonique. Et on trouve dans ces quelques pages des traits qui demandent une dynamique et une articulation complètement différentes aux deux mains. Il arrive qu'on ait même à suivre des dynamiques différentes à la même main ! Quand vous jouez détendu, c'est plus praticable qu'avec une main raidie. Vous pouvez simplement prendre appui sur un côté de la main ou l'autre.

J.H. – Pour en revenir à la polyphonie, vous avez une façon de jouer les accords qui fait apparaître des textures à la fois pleines et agissantes. Plusieurs pianistes feront apparaître une voix intermédiaire au cours d'une progression d'accords, mais en sorte qu'on n'entende plus qu'elle. Vous, en un sens, il semble que vous fassiez ressortir toutes les voix.

C.A. – J'essaye. Les accords ne devraient pas être des octaves remplies. Chaque note y est importante.

J.H. – À quel degré êtes-vous capable de suivre de l'oreille votre propre progression d'accords ? Est-il indispensable d'entendre chaque voix ? Je pense notamment à votre enregistrement du mouvement lent de la sonate de Beethoven à la marche funèbre, où les voix ressortent avec une richesse particulière.

C.A. – Je dirais qu'il est important de suivre de l'oreille chaque voix, si l'on admet que chacune doit se faire entendre. Je veux dire, chez Debussy, il y a des choses qu'il faut seulement suggérer. Dans la *Marche funèbre,* le mouvement lent est un ensemble. Les voix sont équivalentes, et distinctes, et la dynamique de chacune peut varier, indépendamment des autres. Les voix intermédiaires y sont généralement plus importantes que les octaves. Les octaves feraient plutôt comme un cadre. À ce propos, avez-vous jamais été surpris de mon mouvement dans le dernier mouvement ? Beaucoup le jouent comme une étude de Cramer. À son sens, l'idée de tout ce dernier mouvement, c'est *das Keimen der jungen Natur,* la nature toujours jeune qui renaît, ce flot de vie qui reprend après la mort. Il convient de le garder au tempo le plus lent possible, de façon que le lien à la marche funèbre qui précède ait un sens.

J.H. – Une des caractéristiques visibles de votre jeu, c'est votre façon de soulever entièrement la partie supérieure de votre corps avant d'atterrir sur un accord *fortissimo,* comme si vos bras et vos épaules étaient tirés d'abord d'en haut, puis relâchés.

C.A. – En fait, j'ai trois façons de frapper de tels accords. L'une, que vous avez mentionnée, est de commencer avec les doigts suspendus juste au-dessus des touches, pour soulever ensuite le bras et le laisser retomber. Une seconde est de commencer à toucher les touches, et de laisser tomber le poids du bras en repoussant brusquement les coudes. Une troisième est de commencer avec les doigts encore une fois au contact des touches, et de les repousser, et remonter les poignets.

J.H. – J'ai remarqué que vous recouriez à la première méthode pour un accord final triomphal.

C.A. – Oui, parce que la tension est à bout — ce procédé produit une tension moindre, et un son plus plein. Dans les deux premiers cas, de plus haut vous partez, plus vous avez de poids, et de volume.

J.H. – Toutes ces méthodes visent à obtenir la puissance sans violenter les touches.

C.A. – Absolument.

J.H. – Et aussi, en un sens, à prendre le corps tout entier pour interprète.

C.A. – Exact. On en arrive à un point de développement où toutes ces choses sont remises au corps, qui s'en acquitte automatiquement. Quand la musique est devenue comme une part de vous-même, quand vous l'avez assimilée, alors il n'y a plus à s'occuper de cette sorte de mouvements. Il y a des moments où je me fais moi-même l'effet d'être un danseur.

J.H. – Un autre de vos mouvements caractéristiques est cette rotation du bras tout entier, et pas la main seulement, pour un trille.

C.A. – La rotation du bras est très importante pour les trilles et les octaves brisées. Il y a aussi les mouvements circulaires du poignet, et les vibrations du bras. Parfois, comme à l'extrême fin du premier mouvement du concerto en *ré* mineur de Brahms, vous devez mettre en jeu toutes les ressources possibles qui donnent au piano la sonorité d'un orchestre.

Si vous analysez cela, vous trouvez trois mouvements. Un, un cercle décrit avec le bras, et on retombe sur le bout du pouce. Et puis, pour les deux notes graves extrêmes, le *la* et le *ré,* rotation du bras. Et en outre, de bout en bout, vibration du bras. Et tous ces mouvements doivent être exécutés avec un poids formidable.

J.H. – Il semble que personne ne réussisse à jouer les octaves glissando dans le rondo final de la *Waldstein* aussi peu heurtées que vous. Comment faites-vous pour qu'elles aient l'air facile ?

C.A. – Une première raison est l'extension de la main. Les octaves glissando me sont confortables à la main. Et naturellement cela à voir avec le mécanisme du piano. Vous savez, la *Waldstein* a été écrite pour un piano avec le mécanisme viennois, à l'ancienne, qui facilitait les octaves glissando. Parfois, arrivant à une salle où je suis annoncé comme devant jouer la *Waldstein,* je trouve un piano où les octaves glissando sont impossibles à exécuter. Alors je change le programme. Je ne veux pas jouer la *Waldstein* quand le piano ne s'y prête pas.

J.H. – Vous avez mentionné votre extension. Est-ce qu'il existe une taille de la main idéale pour jouer du piano ?

C.A. – Je pense que mes mains sont exceptionnellement aptes au jeu du piano. Je couvre la douzième. De l'index au pouce je peux couvrir l'octave, facilement. Ça rend les sauts plus faciles ! Je peux aussi couvrir l'octave, de l'index au cinquième doigt. Autant que je puis en juger en observant les autres, il arrive qu'avec des mains plus grandes que les miennes ils n'aient pas la même sûreté intuitive de l'octave. Et certains ont des doigts très épais. Brahms, dit-on, avait les doigts très épais — c'est pourquoi il faisait tant de fausses notes.

J.H. – Ressentez-vous vos mains comme une partie privilégiée de votre corps ?

C.A. – Je fais un certain nombre de choses qui sont en fait dangereuses pour les mains, en jardinant. Je n'y attache pas d'importance particulière. Sinon on risque de développer les inhibitions relatives à l'utilisation des mains.

J.H. – Et la taille de votre corps ? Vous êtes très compact. Croyez-vous que ce soit important ?

C.A. – Oui. Il me semble que certains sont mieux que d'autres bâtis pour le piano. D'un autre côté, le pouvoir de l'esprit est tel qu'il peut suffire à surmonter certaines inaptitudes. Plus d'un bon pianiste a eu une mauvaise main. La plus incroyable est Alicia de Larrocha. Ses mains sont menues. À peine si elle peut couvrir l'octave.

J.H. – Suivez-vous une quelconque gymnastique pour maintenir votre forme de pianiste ?

C.A. – Aujourd'hui, pratiquement plus. Mais j'ai fait toute sorte d'exercices, autrefois. J'ai eu un entraîneur à Berlin. Plusieurs fois par semaine nous nous retrouvions au stade. Une chose que je faisais beaucoup était de lancer le médecine-ball. Je n'ai jamais aimé nager. Mais j'ai pas mal pratiqué l'aviron. Même ici, à Douglaston, nous avons eu un bateau de 1947 à 1950.

J.H. – Quand est-ce que vous avez cessé cet entraînement physique ?

C.A. – Je me servais encore du médecine-ball il y a quinze ans, avec mes élèves surtout. On le lançait au bord de l'eau. Et dans le Vermont. Avec, je portais toujours des gants de boxe. Autrement c'est dangereux pour les doigts. Vous pouvez le lancer de plusieurs façons, par-dessus la tête, de côté, en vous tournant...

J.H. – Ça maintient souple et libre.

C.A. – Exactement. Et en même temps ça fait perdre du poids.

J.H. – Un aspect de la technique que nous n'avons pas évoqué est l'endurance. Comment faire en sorte qu'alors les mains ne se raidissent pas ?

C.A. – Le fait est que les mains ne devraient jamais se fatiguer. Je ne sais pas ce que ça veut dire, se fatiguer.

J.H. – Vous n'avez jamais eu crampes ni raideurs ?

C.A. – Jamais. Les crampes viennent de causes psychologiques, ou bien d'une caractéristique physique du jeu.

J.H. – Combien d'heures par jour pouviez-vous travailler ?

C.A. – Il m'arrivait d'aller jusqu'à quatorze heures. Par exemple, quand je travaillais *Mazeppa*. Même ma tante, qui aimait la musique, passait sa tête au bout de treize heures et disait : « Mon chéri, je t'en prie, arrête. Tu me rends folle ! » — et je n'aurais pu m'en ficher davantage ! J'avais alors dix-huit, dix-neuf ans. Une fois j'ai reçu une facture de la part d'un voisin, qui avait dû aller se faire soigner en sanatorium six mois. C'était vers la fin des années vingt. Aujourd'hui, je travaille généralement deux ou trois heures. Parfois, quand je réapprends, ou que je travaille quelque chose que je n'ai jamais vu, cinq heures ou six. Mais c'est très rare.

J.H. – Vous n'êtes pas fatigué de travailler, mettons, la sonate de Liszt ? Même si vos mains ne se fatiguent pas, est-ce qu'il n'y a pas un épuisement de l'émotion ?

C.A. – Quand je travaille, je n'y mets aucune émotion. C'est comme être à l'atelier.

J.H. – Mais au concert, où l'émotion est présente, est-il plus difficile de rester physiquement détendu ?

C.A. – C'est un des principaux problèmes quand on joue du piano — rester capable de se détendre dans les moments où l'émotion est la plus grande. J'ai vu bien des cas où des pianistes, et parmi les plus grands, se raidissaient ou avaient des crampes. Busoni tenait cette curieuse théorie, que moins vous êtes émotionnellement engagé, plus le public est saisi. Je n'ai jamais pu comprendre une telle chose. C'est qu'à mon idée, d'après mes observations, quelqu'un qui se contrôle et s'équilibre donne le sentiment qu'il reste froid. Et il l'est. Je n'aime pas ce genre de dissociation.

J.H. – Mais d'autres auraient du mal à comprendre comment vous pouvez être à la fois si engagé et si détendu.

C.A. – Vous voyez, c'est par le fait de ne plus faire qu'un avec la musique. Vous arrivez même à ne plus faire qu'un avec le public. Impossible de diviser les choses ainsi. Contrôler les émotions — je ne pense pas que ça aide.

J.H. – Vous sentez-vous jamais émotionnellement épuisé après un concert ?

C.A. – Non.

J.H. – Ni physiquement épuisé ?

C.A. – Absolument pas. Il arrive en fait que je me sente déprimé et vidé avant, et je me demande comment au monde je ferai pour aller au bout, mais au moment où j'entre en scène je suis une autre personne.

J.H. – Comment faites-vous pour vous chauffer avant un

concert ? Vous avez mentionné le test des octaves glissando pour la *Waldstein*. Y a-t-il d'autres fragments de répertoire que vous essayez ?

C.A. – Non. Sauf pour ces octaves glissando, je n'essaye jamais les pianos avant le concert. Cela aussi, c'était un point de l'enseignement de Krause. Il disait que les gens qui ont besoin de se chauffer avant un concert ont un problème technique. Ils ne sont pas détendus. Il disait que si on vous réveillait à quatre heures du matin pour vous pousser en scène, il fallait être capable de le faire, sans échauffement préalable.

J.H. – Krause pensait que psychologiquement cela fait du tort, de se chauffer avant de jouer ?

C.A. – Oui. Cela rend nerveux. Je ne peux pas comprendre pourquoi les gens s'échauffent jusqu'à la toute dernière minute. Ils ruinent ainsi cette chose vraiment merveilleuse qui caractérise une performance — l'énergie spirituelle au moment où on commence !

J.H. – Qu'est-ce que vous faites au juste avant un concert ?

C.A. – Pour commencer, je dors — habituellement deux heures. Au cours du sommeil on communique avec la substance même du subconscient créateur. Ensuite j'aime bien me rendre à la salle de concert une heure avant le début : et je me réveille encore une heure avant — donc, deux heures avant de jouer. Dans ma loge, je jette un œil sur la musique. Mentalement, je vais jusqu'à la moitié du programme. À l'entracte, je regarde le reste. Ainsi, en allant en scène, j'ai le sentiment d'être transporté, quelque chose de merveilleux va m'arriver.

J.H. – Vous voulez dire qu'il vous arrive de jouer un concert sur un piano que vous n'avez même pas touché ?

C.A. – Très souvent. Parfois je préfère. Les pianos sont

beaucoup plus perfectionnés aujourd'hui. Et puis, peut-être à cause du nom que j'ai, puis-je oser le dire, les gens ont davantage d'égards. Ou bien on me donne un piano que je connais, ou bien un technicien est là pour le préparer un peu. En sorte que je puis entrer en scène en me disant que je vais avoir un instrument convenable. En fait, j'ai la conviction qu'on doit être capable de s'adapter au piano, instantanément. Dès le premier accord, on doit se rendre compte de l'instrument auquel on a affaire.

J.H. – Une dernière question sur la technique. Vous avez laissé entendre que, si Krause vous a toujours conseillé la décontraction, la plupart de vos principes techniques ne vous viennent pas de Krause. Quand et comment les avez-vous mis au point ?

C.A. – J'ai pris conscience de tout cela longtemps après la mort de Krause. J'ai d'abord joué sans même penser à la technique, tant j'étais naturellement doué. Plus tard, j'ai estimé qu'il valait mieux avoir conscience de ce qu'on est en train de faire. J'ai installé un miroir devant moi, je devais avoir dix-huit ou dix-neuf ans. C'est alors que j'ai commencé à remarquer la vibration du bras, sa rotation, et le reste.

J.H. – Est-ce qu'on n'a pas de plus en plus conscience de l'importance du poids naturel du corps, aujourd'hui, dans la technique du piano ?

C.A. – Certes, mais le fait reste que je ne connais personne qui utilise ce poids naturel. Si ce n'est dans notre groupe, mes élèves, et les élèves de mes élèves. Un des premiers qui ait écrit à ce sujet est Rudolf Breithaupt, qui enseignait au conservatoire Stern de Berlin. Je me souviens qu'un jour où il m'a demandé de jouer pour lui, il commentait : « Oui, c'est ça ! C'est exactement ça ! » *(il rit)*. Ses livres ont été très lus pendant vingt ans peut-être, mais semblent bien oubliés aujourd'hui. Il n'enseignait que le poids du bras. Ses élèves ne développaient aucune technique des doigts. Ce n'était pas le cas de Carreño, évidemment. Elle savait mieux. Mais le jeu des autres était très brouillon. Breithaupt négligeait complètement la technique des doigts.

J.H. – Quand vous dites que personne n'utilise aujourd'hui le poids du corps, voulez-vous dire qu'autrefois quelques-uns le faisaient ?

C.A. – Il y avait Carreño, toujours elle. Elle jouait de la façon la plus merveilleusement conforme à la nature. Elle a travaillé un peu avec Breithaupt quand elle était âgée de quarante-cinq ans déjà. Précédemment elle jouait à la française — le jeu perlé — et une main raide. Elle n'avait pas la moindre puissance. Et elle s'est changée complètement. Je me souviens de Carreño comme du parfait exemple d'une technique fondée sur le poids naturel.

INTERPRÉTATION

Les tournées d'Arrau en Amérique du Sud à la fin des années trente et au début des années quarante ont fait l'objet dans la presse de commentaires et comptes rendus dignes d'un retour de l'enfant prodigue. Rien de comparable à ce qu'on aurait pu lire dans les quotidiens allemands. Mis bout à bout, ces commentaires nous livrent une esquisse assez pittoresque d'Arrau personnage public, tel qu'il a pu paraître dans les premiers temps de son mariage, quand sa carrière s'était remise du traumatisme consécutif à la mort de Krause.

On lui trouve des façons directes, juvéniles, énergiques — « un adolescent serein », note en 1939 l'*Ercilla,* de Santiago. Une interview dans *Frente popular* (1939 toujours, Santiago toujours) remarque que « Claudio Arrau confond complètement ceux qui attendent en tout artiste un élément exotique. Il serait plutôt du type sportif, vif et souriant, tendant la main cordialement. Il a de l'humour, sa conversation est alerte, ponctuée de courts gestes expressifs. Il est l'homme d'aujourd'hui, moderne, dont le génie n'a pas besoin d'extravagance, ni sur lui-même ni dans son art, pour se faire remarquer. »

La Razón, de Bogotá, écrit en 1941 : « Dans sa chambre à l'hôtel, Claudio Arrau est l'ami d'un chacun — du reporter, du photographe, du chasseur, des nombreux inconnus qui souhaitent simplement lui parler ou lui serrer la main. Il émane de lui une amabilité naturelle. Il ne parle pas sans accompagner ses paroles d'un geste amical et gracieux, et la moindre de ses phrases rend un son cordial, d'amicale simplicité. »

Mais l'élément le plus intéressant des interviews de ce temps-là, c'est l'expression par Arrau lui-même de sa philosophie d'artiste. Comme *Frente popular* lui posait la question : « Qu'est-ce pour vous que l'interprétation ? », il répondit : « Dans tous les domaines de l'art se lève aujourd'hui un nouveau type d'interprète, tout le contraire de l'artiste arbitraire, de l'artiste à sensation, ce pur produit du XIXe siècle. Il me semble que ce phénomène tient à la recherche aujourd'hui d'un mode d'interprétation plus honnête et plus juste. L'œuvre d'art ne devrait pas être prétexte pour l'interprète à l'exposition de ses propres états d'âme. Ni davantage à l'étalage de soi-même, l'auto-exhibition. C'est le devoir sacré de l'interprète que de communiquer, intacte, la pensée du compositeur dont il n'est que l'interprète. »

À *La Razón,* Arrau confiait : « J'estime qu'il existe une différence essentielle entre les interprètes d'aujourd'hui et ceux d'une école d'art antérieure, une génération avant la nôtre. Les interprètes, les exécutants, avaient alors un sentiment de responsabilité créatrice, qui leur autorisait l'arbitraire et la désinvolture. Leur propre gloire comptait plus que le service de l'œuvre. Cette vanité est un poison pour l'art. »

Cette affirmation du credo artistique d'Arrau, cette distinction entre une objectivité (moderne) et le culte de la personnalité (antérieurement) indique assez dans quel contexte historique sont nés les principes qui sont les siens. Il n'est pas inutile de rappeler qu'en dépit d'un cliché courant, qui réduit la culture de la république de Weimar au *Docteur Caligari* et aux cabarets délirants, l'expressionnisme était déjà sur son déclin dans le Berlin de l'entre-deux-guerres. Une attitude esthétique neuve, plus froide, privilégiait la sobriété réaliste, l'autodiscipline par rapport aux démonstrations d'une subjectivité passionnée. Il s'agit de la *Neue Sachlichkeit,* qu'on traduit généralement par *Nouvelle Objectivité* et qui connote, comme le remarque John Willett dans son excellent ouvrage *Art et politique sous la république de Weimar,* un ensemble d'idéaux induits par une attitude sobre, neutre, positive, et par là même utilitaire, fonctionnelle, ennemie de tout superflu décoratif. Le compositeur qui représentait sans doute le mieux cette tendance était Paul Hindemith. Parmi les interprètes, Willett cite Otto Klemperer comme le chef probablement le plus radical et objectif des temps de Weimar.

Arrau trouvait les interprétations de Klemperer avant la Seconde Guerre trop pressées, insuffisamment intériorisées. Même après la guerre, l'anecdote qu'il rapporte sur le trille dans *L'Empereur* montre que Klemperer et lui-même pouvaient ne toujours pas s'entendre sur la fonction de l'ornement : organique ou chichiteux. Pourtant Arrau n'a cessé d'admirer Klemperer pour son intégrité, et Klemperer aurait sans doute fait siennes les déclarations d'Arrau à la presse sud-américaine prônant la fidélité textuelle au compositeur.

À cet égard, il vaut la peine d'ajouter que, parmi les musiciens qu'Arrau respectait, Schnabel, quoique moins austère que Klemperer, fut aussi en son temps un pionnier de l'objectivité. Rendant hommage à Schnabel en 1952, un an après sa mort, Arrau n'hésitait pas à écrire dans *Musical America :*

> Longtemps avant la guerre, Schnabel était déjà considéré à Berlin comme l'autorité intellectuelle suprême en ce qui concerne Beethoven, Schubert, Brahms. C'était aussi le juger sec. Edwin Fischer, son cadet, était connu en revanche comme un beethovénien passionné, volcanique. Mais alors qu'il arrivait à Fischer de se muer en autocrate en cours de

> jeu, et d'ajouter à la partition des choses qui n'y figurent pas, Schnabel fut le premier à insister sur une scrupuleuse fidélité à la chose écrite. Il fut en ce domaine le premier interprète célèbre à illustrer l'idée, étrangement méconnue en ce temps, que l'interprète est là pour servir la musique, et non pas pour se servir d'elle.

Le fait est qu'Arrau pratique la fidélité textuelle avec une rigueur qui dépasse de loin le modèle de Schnabel. Au même degré que Schnabel il observe la moindre nuance textuelle de phrasé et de dynamique. Mais plus encore que Schnabel il insiste sur l'importance de rendre à chaque note sa signification et son importance propres. Dans les passages embarrassés ou denses, ses doigtés visent à la clarté, pas à la facilité, et il ne glissera pas sur des détails. Quand les éditions diffèrent, il recourt au manuscrit. Quand la notation même implique ambiguïté, il s'attache à généraliser les décisions d'exécution : dans Mozart et Beethoven il attaque toujours le trille par le haut ; chez Chopin, il joue toujours la note de grâce sur le temps fort.

Les tempi relativement vifs et le modelé exceptionnellement net des premiers disques d'Arrau témoignent de l'influence de la *Neue Sachlichkeit.* Mais, avec le temps, son allégeance de plus en plus marquée à d'aussi déclarés champions de Dionysos que Furtwängler et Fischer l'emporte. Le résultat en sera un équilibre entre contrôle et abandon, et une meilleure fusion entre l'intellect et l'émotion. Si on en juge d'après les enregistrements d'Arrau, vers les années soixante, l'emportement subjectif de ses interprétations était tel parfois que le rappel des règles de fidélité textuelle peut apparaître comme un simple garde-fou, contre les excès du tempérament. En tout état de cause, un rapport dialectique s'est établi, tel que la fidélité textuelle implique l'immersion subjective la plus absolue.

Plus qu'aucun autre caractère, cette combinaison d'une correction expresse avec un engagement passionné,

1. À Santiago, à l'âge de ses débuts (cinq ans). *(Coll. particulière. Ph. D. R.)*

2. Le matriarcat avant l'émigration : Arrau à quatre ans entre sa mère, Doña Lucretia, et sa tante (à droite). Debout, sa sœur aînée Lucretia. *(Coll. particulière. Ph. D. R.)*

3 et 4. Vacances en Allemagne, 1917. Arrau à quatorze ans avec sa mère (ci-dessus). À droite : avec son professeur Martin Krause. *(Coll. particulière. Photos D. R.)*

5. Dans son studio avec ses objets de collection. *(Coll. particulière. Ph. D. R.)*

6. Occupation préférée : la lecture (ici le *Saint Genet* de Sartre). *(Coll. particulière. Ph. D. R.)*

7. Adieux à la musique de chambre : avec Joseph Szigeti, Library of Congress, 1943. *(Coll. particulière. Ph. D. R.)*

8. Les Arrau en Pologne (1967).
(Coll. particulière. Ph. D. R.)

A 1439

10. Après un concert avec le Concertgebouw et Colin Davis, Amsterdam (1975). *(Ph. Ton Schippers-D. R.)*

11 et 12. Deux images : la solitude du pianiste. *(Photos Arnold Newman-D. R. et Roland Allard.)*

◀ 9. Le pianiste aux icônes. *(Coll. particulière. Ph. D. R.)*

13. Les racines européennes : dans le cloître du musée Unterlinden à Colmar (1982). *(Ph. Roland Allard.)*

14. Seul devant le retable de Grünewald. *(Ph. Roland Allard.)*

15. L'artiste et l'œuvre. *(Ph. Roland Allard.)* ▶

16. L'œil et l'oreille. *(Ph. Roland Allard.)*

17. Le regard et les mains. *(Ph. Eugène Cook-D. R.)*

moderne à la fois, et romantique, constitue la vraie signature d'interprète d'Arrau dans sa maturité. Arrau l'homme s'y reflète, en qui le tourment intime, tellement mieux apparent aujourd'hui qu'au temps où la presse sud-américaine le trouvait « sportif », s'engonce dans l'apprêt du vêtement et de l'attitude. Un autre caractère de sa signature de pianiste, également dû à une modestie soigneusement pesée, c'est son horreur de toute démonstration technique. Je ne l'ai jamais entendu souligner qu'une seule fois une prouesse de type technique caractérisé, comme dans ces pages finales de la *Waldstein,* où ses octaves glissando lui arrachent des soupirs. Il joue ces gammes en octaves glissando, au lieu de les jouer du poignet, parce que Beethoven l'a ainsi voulu : le fait qu'il y parvienne avec une aisance stupéfiante n'y est pour rien. Tout son fantastique mécanisme de pianiste n'est là que pour permettre l'expression, en sorte que doigts, mains et bras deviennent eux-mêmes créateurs, et non pas moyens mécaniques au service d'une création. Ce n'est pas un hasard sémantique si *poids* désigne son jeu à la fois physiquement, et moralement. Dans la musique de Brahms tout particulièrement, s'il s'appuie si ostensiblement sur le poids du doigt et du bras, c'est pour lui donner cette assise physique, viscérale : et le voir, c'est l'entendre.

Un dernier caractère remarquable chez Arrau interprète, c'est la diversité bien connue de son répertoire. Ce n'est pas sans raisons : comme il le souligne, « plus large le domaine où se tient l'interprète, plus profondes ses racines ». On l'a identifié à Beethoven, Brahms, Chopin, Liszt, Schumann. On oublie parfois qu'à un certain moment son universalité a été plus affirmée encore. Les programmes qu'il composait sous l'influence de Krause n'expriment pas seulement un vaste éventail d'affinités, mais une curiosité jamais relâchée. Une critique de 1915 remarque : « Au crédit de son maître, le programme ne comportait pas seulement des ouvrages familiers de compositeurs connus, mais aussi des raretés. » Plus tard, c'est Arrau qui signera le premier enregistrement américain du *Burleske* de Strauss, et la première exécution du concerto pour piano de Chavez, substantiel et complexe. Il a joué de Stravinski le concerto pour piano et instruments à vent, la *Piano-Rag Music*, les trois mouvements de *Petrouchka*, et la sérénade en *la*, étudiée avec le compositeur même. On l'a peu entendu dans la musique atonale, mais il a joué en public, de Schönberg, le concerto pour piano, les six *Klavierstücke* op. 19 et, assez souvent, les trois *Klavierstücke* expressionnistes de l'opus 11.

Peut-être la combinaison en Arrau de racines latines et d'éducation allemande explique-t-elle cette largeur. Il ne se cache pas d'être un exceptionnel déchiffreur à vue et d'apprendre très vite. Il a dû en outre penser en termes de carrière : quoiqu'il trouve peu de substance en Rachmaninov, il a joué entre les deux guerres son Troisième Concerto assez souvent, et occasionnellement le Deuxième. Je lui ai entendu exprimer son peu de goût pour la sonate pour piano de Ginastera, et la Première de Brahms. Pourtant, en règle générale, il n'a que du bien à dire de la musique, ce qu'illustre assez sa boulimie musicale. Plutôt que dénigrer, sa nature le pousse à apprécier. Son mot préféré est « merveilleux », et il en use avec conviction.

Tel est l'environnement psychologique dans lequel il faut se représenter ces cycles surhumains de Bach, Beethoven et Mozart. Il a aussi joué la totalité ou presque de l'œuvre pour piano de Brahms, Chopin, Debussy, Ravel, Schumann, Weber. Dans les années trente, quand il constituait avec le violoniste Hermann Hubl et le violoncelliste Hans Münch-Holland le trio qui portait son nom, il possédait aussi toute la littérature pour trio, quatuor et quintette avec piano. Son cycle de sonates de Beethoven avec Joseph Szigeti à la Bibliothèque du Congrès en 1944 a été préservé sur disques. Il a peu joué de musique de chambre après la guerre, mais des occasions mémorables ont été le quintette de Brahms avec le quatuor Amadeus, et les *Liebeslieder Wälzer* de Brahms avec Benjamin Britten, à Aldeburgh ; à Porto Rico, au festival Casals, le trio de Brahms en *ut* majeur, avec Isaac Stern et Casals.

Les quinze programmes de récital qu'il a donnés à Mexico en 1933 et 1934 montrent l'étendue de son répertoire à l'époque de sa maturité. Pas d'ajouts destinés à être bientôt abandonnés : l'*Allegro barbaro* de Bartok, les extraits de *Goyescas,* la toccata de Prokofiev, *Napoli* de Poulenc, les *Jeux d'eau* de Ravel reviennent tous régulièrement sur les programmes d'Arrau des années trente et quarante.

Avec orchestre, il a joué des concertos de Henselt, Hummel, Heinrich Knoedt ; la Fantaisie de Debussy, la Ballade de Fauré, le Concertino de Honegger, la Fantaisie de concert de Tchaïkovski. Il a été le premier à jouer à New York *Sports et divertissements* de Satie. Il a créé à Paris la sonate de Nabokov. Il a joué des ouvrages sud-américains de Juan José Castro, Juan Lecuna, Domingo Santa Cruz, Villa-Lobos. Il a plaidé la cause des variations de Liszt *Weinen, Klagen* et des trois *Klavierstücke* de Schubert D. 946 quand ils étaient loin d'avoir leur célébrité d'aujourd'hui. Aussi tard que 1950, il a ressuscité *Hexaméron,* un résultat de la célèbre joute entre Liszt et Thalberg, consistant en six variations de bravoure sur la marche des *Puritains,* par Chopin, Czerny, Herz, Liszt, Pixis et Thalberg. Quand tard dans sa vie Busoni se plaignit à Isidore Philipp de commencer à être à court de répertoire, Philipp lui suggéra Scriabine et Alkan. Arrau les admire l'un et l'autre. De Scriabine il a joué les Quatrième et Cinquième Sonates ; d'Alkan, une partie de la symphonie pour le piano. Et il adore la musique de Busoni lui-même, dont il a joué le *Konzertstück,* la *Fantaisie indienne* et *Romanza e scherzoso,* en plus de morceaux solo, la toccata et la *Fantasia contrappuntistica* entre autres.

Cette versatilité de surface ne doit pas nous induire en

erreur. La série de Mexico a commencé avec des variations de Haydn; Arrau a joué en public peu de Haydn, par ailleurs. La toccata, *Visions fugitives* et le Troisième Concerto semblent être tout ce qu'il a joué de Prokofiev. Hors *Allegro barbaro,* il n'a joué de Bartok que la suite op. 14 et les études op. 18, mais pas la sonate, et seulement le deuxième des trois concertos. Il n'a jamais joué les concertos de Ravel, ni aucun solo substantiel de Grieg.

Son répertoire actif, du reste, s'est strictement resserré. Dans les années cinquante, il programmait toujours des échantillons d'Albeniz, Bartok, Debussy, Fauré, Granados, Poulenc, Ravel. Dans les années soixante et soixante-dix ou bien ces échantillons ont disparu, ou ils se sont regroupés en séries complètes, la totalité de *Gaspard de la nuit,* les livres entiers des préludes de Debussy, les préludes de Chopin.

Le plus considérable regroupement a été Beethoven. Entre les deux guerres, Arrau en a donné des cycles complets à Mexico et en Amérique du Sud. Mais son cycle de 1952 pour la B.B.C. était le premier depuis dix ans. Town Hall à New York suivit en 1953-1954, puis toute une série de disques pour E.M.I. Jusqu'à la fin des années soixante, il s'identifiait à Beethoven de plus en plus. Quoiqu'il n'ait plus donné de cycles des Trente-Deux (cinq furent entrepris, à Berlin, Hambourg, Londres, Zurich, New York, mais abrégés en cours de route), il lui arrivait de plus en plus fréquemment d'inscrire deux sonates de Beethoven, parfois trois, au même programme. À la longue, son répertoire actif s'est resserré sur l'essentiel : sonates et concertos de Beethoven et de Brahms, les grands cycles de Schumann, les concertos et les ouvrages héroïques de Chopin.

Arrau fut encouragé dans sa phase Beethoven par Friede Rothe, qui estimait que sa carrière américaine ne se développait pas de la façon la plus souhaitable, et qu'il lui fallait quelque chose de grand pour grandir son propre nom. Dans les années soixante-dix, la pression du désir de vaincre se fit moins forte. Délaissant un peu l'opus 111, l'*Appassionata* et choses semblables, il se remit à des œuvres d'aspect plus amène, plus aéré, plus virtuoses même. De plus en plus l'attiraient Debussy, Liszt, Schubert.

Au studio d'enregistrement, où savoir par cœur n'est pas une loi, il s'est attaqué aux préludes de Debussy, aux *Études transcendantes* de Liszt, aux sonates en *ut* mineur et en *si* bémol de Schubert. Mais son répertoire actif s'était resserré, à la fin des années soixante-dix, à un seul programme de récital et sept ou huit concertos par saison. Mais le style ne variait pas. À côté des concertos de Beethoven, Schumann et Brahms, il continuait de jouer le *fa* mineur de Chopin, le *la* majeur de Liszt, le *Burleske* de Strauss, le *Konzertstück* de Weber. De Debussy il remettait à jour *Estampes* et *Images,* livre I. De Liszt, il est revenu à la sonate *Dante,* qu'il n'avait pas touchée depuis plus de quarante ans.

Entre les concerts et les séances d'enregistrement, l'appétit musical d'Arrau demeure avide. Il admire la sonate *Concorde* d'Ives, les sonates de Boulez, le concerto d'Elliott Carter, il tient *Les Soldats* de Zimmermann pour un des grands chefs-d'œuvre du siècle, et adore le *King Priam* de Tippett. Il ne peut rejeter un œil sur son répertoire d'autrefois sans soupirer après *Idylle* de Chabrier, *Suburbio* de Juan Lecuna et la *Rhapsodie espagnole* de Liszt-Busoni pour piano et orchestre. « Merveilleux ! », s'exclame-t-il. « Pourquoi je ne joue plus ça ? J'aimerais l'enregistrer ! »

J.H. – Comme nous avons déjà parlé technique, et que nous allons maintenant parler interprétation, le mieux serait peut-être de commencer par discuter des rapports entre technique et interprétation. Existe-t-il un risque que la technique devienne trop consciente ?

C.A. – Un grand risque. Cela dépend surtout de la façon physique qu'on a de jouer. Il peut arriver qu'on fasse des choses miraculeuses avec un bras raide. Le problème est de devenir trop préoccupé par la technique elle-même. Très tôt je me suis aperçu que le fait de jouer détendu encourage la veine créatrice, simplement parce qu'on est plus naturel ; parce que le corps s'implique tout entier ; parce que l'âme et le corps ne font alors qu'un.

J.H. – J'ai apporté un texte de Furtwängler à ce sujet, de son livre *À propos de musique :*

> Du moment où des questions techniques sont considérées comme des fins en soi, l'unité spirituelle de l'ensemble est détruite. Dans une bonne interprétation, l'aspect technique ne devrait pas pouvoir être disjoint un seul instant de l'aspect spirituel, pas même à des fins d'efficacité particulière. Le fait est qu'un *effet* peut être produit ainsi, mais c'est un effet illégitime, puisqu'il distrait de l'essentiel. Mais bien entendu, seuls peuvent s'en apercevoir ceux qu'une exécution précédente a déjà familiarisés avec l'ouvrage et qui en mesurent la vraie nature. C'est la raison pour laquelle de telles interprétations virtuoses des grands chefs-d'œuvre du passé sont si dangereuses en pratique : elles corrompent le goût.

C.A. – Oh, j'aime cela beaucoup. Une autre chose que Furtwängler dit dans ce livre, c'est son étonnement devant ces gens qui jouent merveilleusement la musique romantique, avec un formidable investissement émotionnel : et devant Mozart et Beethoven ils se rétrécissent d'intimidation, ils perdent tout pouvoir créateur — et ils ont tort : car ils devraient vivre la musique tout autant que les autres fois ! En fait, mieux vous entrez dans Beethoven, plus près vous arrivez de son sens profond, mieux vous jouerez Tchaïkovski !

J.H. – Cela soulève un point que j'aimerais traiter plus au

long. J'ai ici un compte rendu d'un de vos récents récitals de New York par Andrew Porter dans le *New Yorker* (3 mars 1980). Il remarque que vous pourriez bien être la victime d'un préjugé, — « le sentiment qu'un pianiste dont les *spécialités* recouvrent celles de Schnabel, Cortot, Kempff, Rubinstein et Serkin doit être quelque chose comme un caméléon ; que quelqu'un qui joue tellement, soir après soir, pays après pays, ici Brahms ou Beethoven, là Debussy, puis Schumann ou Chopin, ne saurait être pleinement investi dans ce qu'il joue ». Certains se méfient de l'étendue même de votre répertoire. Le simple fait d'exceller au même degré dans Beethoven et Chopin est inhabituel.

C.A. – C'est une idée comme cela qu'ils se sont faite de l'interprétation. Ils pensent qu'un interprète ne peut bien jouer que les choses dont il est proche. Et c'est exactement le contraire. Le véritable interprète est celui qui sait se transformer en ce qu'il n'est pas. Vous savez, les Allemands disaient volontiers : « *Das liegt ihm* », — ça lui va bien. Mais ce n'est pas ça, l'interprétation. C'est comme si un acteur jouait lui-même. Le meilleur Debussy que j'aie jamais entendu était joué par Furtwängler, pas par un chef français. Qui a su diriger la *Pathétique* de Tchaïkovski de façon plus profonde que Furtwängler ? Si je pouvais vous citer des exemples vraiment éminents de *spécialistes,* comme on les appelle... Mais, en règle générale, ils jouent leur spécialité de façon plus superficielle que ceux qui jouent tout le reste ! Le pire Chopin que j'aie entendu était le Chopin de soi-disant spécialistes. En Allemagne, un certain Koczalski était une espèce d'idole. Il ne jouait que Chopin. C'était affreux. Et Braïlovsky ! Le pire Chopin qu'on ait jamais entendu. Se limiter à deux ou trois compositeurs est malsain. Je voudrais citer Fischer-Dieskau. L'autre jour, par hasard, j'ai entendu un disque de lui, où il chante Verdi. Une révélation ! Et il est immense dans Schubert, dans Wagner ! Les poèmes de Goethe, de

Busoni, — incroyable ! Le *Lear* de Reimann — incroyable ! Le *Wozzeck* que j'ai entendu à Berlin, — et c'était une semaine après un *Falstaff* en italien ! C'est ça, pour moi, l'interprétation. La capacité de s'investir dans des mondes distincts. Sinon vous n'êtes pas vraiment un interprète.

J.H. – Ce que vous semblez suggérer, c'est que l'interprétation (au plus haut niveau) mobilise des dons que tout grand interprète se trouve avoir en partage, à force d'approfondissement et de sensibilité. Quelque chose qui n'a rien à voir avec la nationalité.

C.A. – Si, quand même. Vous ne pouvez séparer les choses aussi raidement. Mais l'élément national est habituellement le moins intéressant. Surtout dans les œuvres de génie. Chez Debussy, par exemple, l'élément national n'a pas autant d'importance que chez Chabrier.

J.H. – Et pourtant certains artistes allemands, et Furtwängler le premier, se présenteront eux-mêmes comme les tenants de l'art allemand.

C.A. – C'est une façon de voir qui a fait son temps. Comme de dire que seul un Allemand peut jouer Beethoven. C'est ridicule. Ou bien les Viennois, quand ils prétendent que seul un Viennois peut jouer Schubert !

J.H. – Quand vous dites que c'est une vue qui a fait son temps, voulez-vous dire qu'elle a été plus légitime autrefois ?

C.A. – Pas davantage. Mais elle était plus répandue, — à l'époque des nationalismes. Je me souviens de la stupéfaction des Berlinois quand le quatuor Capet a débarqué pour jouer Beethoven.

J.H. – En tant que Sud-Américain, vous êtes-vous senti l'objet d'une discrimination à Berlin ?

C.A. – Oh oui, il y a bien longtemps. Je suis passé par où Teresa Carreño aussi était passée. J'étais considéré comme appartenant à Berlin. Pas l'Allemagne, — Berlin. Si quelqu'un disait : « Mais il vient d'Amérique du Sud », on corrigeait aussitôt : « Mais il a tout appris à Berlin. » Par bonheur ces choses ont changé.

J.H. – Et que diriez-vous des facteurs qui sont essentiels à une authentique interprétation ? Vous êtes un inconditionnel de la fidélité textuelle. Que diriez-vous du rapport qu'il y a entre l'interprétation et la fidélité au texte ?

C.A. – Certains imaginent que vous payez la fidélité textuelle d'une espèce de sècheresse. C'est une alternative stupide. En fait il n'y a pas la moindre incompatibilité. Il faut commencer par respecter le texte de la façon exacte dont il est écrit. Si Beethoven a marqué *piano,* et que vous jouiez *forte,* vous avez définitivement tort. Mais ce n'est qu'une première base, la mise en place des premiers circuits. L'interprétation est une synthèse entre le monde du compositeur et celui de l'interprète.

J.H. – Il ne vous suffit pas de respecter les notes écrites et la dynamique. Vous allez jusqu'à vous interdire de redistribuer les notes entre les mains, comme font tant de pianistes, pour gagner en égalité ou en précision.

C.A. –On prétend toujours que le public ne s'aperçoit pas de ces détails. C'est évidemment vrai, en un sens. Mais en réalité on devrait toujours jouer pour l'auditeur *idéal.* Lui, il fera la différence. Prenez le début de l'opus 111, de Beethoven. On le joue à deux mains, pour ne pas risquer des octaves trop moches. Bon. Mais, pour commencer, la sonorité est très différente quand on joue avec une seule main, comme c'est écrit. Et puis, la difficulté technique comporte, par elle-même, une valeur expressive.

J.H. – Et le grand trille dans le sujet principal du premier mouvement du concerto en *ré* mineur de Brahms ? La sonorité est tout à fait différente quand il est redistribué, n'est-ce pas ?

C.A. – Complètement différente. Mais naturellement, pour le faire comme Brahms l'a écrit, il faut une force terrifiante dans le mouvement de rotation du poignet. Autrement la main se raidit.

J.H. – Et la double gamme chromatique à la fin du scherzo en *si* mineur de Chopin ? Beaucoup la jouent comme des octaves alternées.

C.A. – J'ai lu une fois une critique, rapportant comment Horowitz jouait ce passage en octaves, et comment tous les pianistes présents dans la salle pouvaient en prendre de la graine. Mais jouer ainsi est dix fois plus facile que de jouer la gamme chromatique comme elle est écrite, avec les accents tels qu'ils sont marqués, et la puissance.

J.H. – Un autre aspect de la fidélité textuelle, telle que vous la pratiquez, est qu'elle fait entendre autre chose que ce qu'on entend d'habitude. Ainsi la façon dont vous phrasez le thème du rondo dans le concerto en *ut* majeur de Beethoven :

C.A. – Il faut croire que les gens ne font même pas attention. Czerny atteste que Beethoven avait le sentiment que la deuxième double croche devrait être presque comme une note de grâce. Vous trouverez un autre exemple dans la sonate op. 78 : personne n'essaye le phrasé que Beethoven a pourtant noté.

J.H. – On croit peut-être que joué comme c'est écrit, ça sonnerait gauche.

C.A. – Sans doute, parce qu'on n'y est pas habitué. J'ai quand même été un peu surpris l'autre jour en lisant dans une interview de Jorge Bolet qu'il trouvait *idiot* (c'est le terme même) de prendre en considération le détail musical tel qu'il est écrit. Il dit que cela rend « pédant ».

J.H. – Peut-on se fier aux indications métronomiques ?

C.A. – C'est selon. Dans le cas de Schumann, par exemple, la plupart des indications sont de la main de Clara. Et comme vous savez, elle avait un peu la frousse de la musique de son mari. Elle semble avoir changé quelque chose partout : dans les mouvements rapides, pour ralentir ; dans les lents, pour presser. Naturellement, la célèbre indication au début du concerto, — c'est simplement impossible ! La section andante du premier mouvement aussi, — trop rapide ! Ce qui s'est passé avec ce concerto de Schumann, je n'en sais rien. Ce ne peut être que notre sentiment de la musique ait à ce point changé. Le même problème se pose chez Beethoven, pour les rares indications métronomiques dans ses sonates. Si vous jouez le début de la *Hammerklavier* à la vitesse indiquée, il perd toute majesté. Dans le cas de Beethoven, j'imagine, mais j'imagine seulement, qu'il détestait cet engin. Si on lui demandait d'indiquer un mouvement, par pure mauvaise humeur, il disait n'importe quoi.

J.H. – Avez-vous jamais essayé de jouer le premier mouvement de la *Hammerklavier* selon l'indication métronomique ?

C.A. – Oui. Pour commencer, c'est techniquement très difficile. Presque impossible.

J.H. – Mais vous considérez que c'est faisable ?

C.A. – Faisable, oui.

J.H. – Et les indications de métronome de Czerny dans les sonates de Beethoven ?

C.A. – Il faut les prendre en considération. Elles sont les seules qui nous proviennent de quelqu'un qui a effectivement travaillé avec Beethoven et joué sous son regard. Mais elles ne sont pas trop fiables non plus. Vous savez, plus d'un compositeur contemporain avec qui j'ai travaillé ne savait pas quel mouvement au juste il voulait.

J.H. – Estimez-vous que pour un morceau donné il y a un tempo exact ?

C.A. – Il y a un ordre de grandeur, oui. Aux marges assez étroites.

J.H. – Pourriez-vous citer des œuvres que vous estimez être habituellement jouées dans un mouvement incorrect ?

C.A. – Le premier mouvement de la *Waldstein*, — trois fois trop vite ! Le concerto en *ré* mineur de Brahms, les deuxième et troisième mouvements.

J.H. – Vous passez pour préférer les tempi lents. Quelle est votre réaction quand on vous dit que vos mouvements sont trop lents ?

C.A. – *(riant)* – Alors je me sens *terriblement* fier ! Je me dis qu'ils ont *tous* tort, que moi seul j'ai raison.

J.H. – Je vous ai entendu vous plaindre que dans les concertos les tutti soient toujours joués trop vite.

C.A. – C'est une manie chez beaucoup de chefs. Ils corrigent le tempo du soliste. Ils ont peur que le public ne s'ennuie. J'en ai entendu qui le disaient, — que les gens allaient s'endormir.

J.H. – Et la bravoure, — l'exhibition technique consciente ? Est-ce un bon moyen de tenir le public en éveil ?

C.A. – C'était un moyen légitime à un certain moment du XIXe siècle. C'est le moment où le pianiste est apparu comme soliste. Il y a eu ce culte de la personnalité. Beaucoup d'œuvres qu'on jouait en public n'avaient ni beauté ni valeur. Elles n'étaient qu'un faire-valoir. C'était une chose acceptée, alors.

J.H. – Est-il permis de continuer à approcher de la sorte certaines œuvres aujourd'hui, — par exemple *Méphisto Valse* ?

C.A. – À mon avis la moindre note de *Méphisto Valse* est investie d'un tel poids expressif qu'on ne devrait rien y faire d'exhibitionniste. Je veux parler plutôt de la fantaisie de Liszt sur la *Norma,* de la paraphrase des *Puritains :* cela, oui, c'était destiné à faire valoir la virtuosité du pianiste. C'était légitime à l'époque où les concerts n'étaient faits que pour mettre en valeur le talent de l'exécutant. Ce ne l'est plus.

J.H. – Vous n'avez jamais été tenté de choisir un tempo plus rapide, ou un schéma dynamique plus serré, simplement pour mettre en valeur vos doigts ?

C.A. – Le fait est que quand j'avais vingt ans les gens se plaignaient que je joue trop vite. Ils s'en sont plaints des années. Et jc l'ai sûrement fait alors, par simple amour physique pour le piano, pour mes doigts. Peut-être je recherchais l'ovation. Mais je ne l'ai plus fait consciemment depuis un long, un très long temps. En un certain sens, il m'est devenu égal de plaire ou de déplaire. Se préoccuper de la réaction du public, — c'est quelque chose qui peut réellement assassiner l'interprétation.

J.H. – Un dernier point que j'aimerais discuter avec vous, c'est à quel degré vous pensez que votre jeu a changé avec les années.

C.A. – Vous les connaissez, tous ces gens qui, dès qu'il est question de mon âge, parlent aussitôt de sérénité, de transfiguration. C'est absurde. L'intensité expressive, à mon sens, est beaucoup plus forte, plus concentrée dans mon jeu que quand j'étais plus jeune. Il y a là-derrière une illusion habituelle. Les gens s'imaginent qu'avec l'âge on devient serein. C'est tout le contraire. On aime la vie bien plus, et on ressent beaucoup plus fortement. Ou bien on s'imagine qu'avec l'âge on devient las et indifférent. Je veux bien croire que la plupart des gens, en effet, avec l'âge, s'affaiblissent. Mais si toute votre vie vous avez été intense, vous le serez plus encore l'âge venu.

J.H. – Il y a un moment vous disiez qu'on vous reprochait de jouer trop vite. Pensez-vous que c'est consciemment que vous adoptez désormais dans certains cas des tempi plus lents ?

C.A. – Il me semble que je joue le deuxième mouvement du Premier Concerto de Brahms plus lentement qu'avant.

J.H. – Si on en juge d'après vos disques, c'est sûrement le cas. Votre premier enregistrement, celui qui est dirigé par Basil Cameron, est plus rapide que l'enregistrement avec Giulini, qui à son tour est plus rapide que celui avec

Haitink. Est-ce que vous réécoutez jamais vos disques plus anciens ?

C.A. – Seulement le concerto de Chopin avec Klemperer. J'en avais un si merveilleux souvenir. J'ai presque dû apprendre son Chopin à Klemperer. Il ne l'avait jamais dirigé. Il n'avait lui-même jamais joué de Chopin. Vous savez, il était élève de James Kwast, et les élèves de Kwast ne touchaient jamais à Chopin. Et, je ne sais pourquoi, j'ai été un peu déçu par le disque. Dans mon souvenir, j'avais dû idéaliser l'événement.

J.H. – Pouvez-vous trouver des cas où vous avez découvert de nouveaux aspects d'œuvres que vous jouiez depuis des années ?

C.A. – Dans le dernier mouvement de la sonate en *ut* mineur de Schubert, il y a des traits que je jouais autrefois de façon presque gracieuse. Maintenant je ressens très fortement dans le mouvement tout entier la présence du tragique, la mort y rôde. Schubert savait certainement qu'il était tout près de mourir quand il a écrit cette musique — s'il avait la syphilis, comme on raconte.

J.H. – Quels éléments dans ce mouvement vous semblent particulièrement évoquer l'approche de la mort ?

C.A. – Les gammes chromatiques descendantes, dans le dernier mouvement, et aussi dans le développement du premier mouvement. Il faut trouver pour jouer cela quelque chose de macabre, de squelettique, — sans plus de chair. C'est une chose absolument unique en musique. C'est le contraire d'un artifice. C'est la vérité même.

J.H. – Je sais qu'à peu près au même moment vous êtes revenu à la sonate de Schubert en *si* bémol, pour l'enregistrer. Vous y avez aussi trouvé des aspects inattendus ?

C.A. – Tout le sens du dernier mouvement, qui est si

problématique, m'est devenu clair. Je ne sais pas si le disque le traduira correctement, mais c'est l'ambivalence du thème, que je ressens très fortement à présent. D'abord, de façon assez surprenante, il y a le *sol*, sforzato, comme une trompette. Puis les quatre mesures en *ut* mineur, pleines d'une anxiété croissante. Et alors, sans transition, cette impression de se rendre, de retomber en *si* bémol, cette proximité de la mort, comme s'il n'y avait plus rien à faire. Et cela se répète encore et encore. À l'intérieur de ce seul thème les modulations créent un effet de tension terrible. Jusqu'alors jamais je n'avais entendu personne le jouer ainsi. Mais ma conviction est forte, très forte.

J.H. – Et votre sentiment sur la réexposition du premier mouvement, que tant de pianistes sautent ?

C.A. – Il *faut* la jouer. On la saute à cause de cette idée ridicule, que la sonate est trop longue. Mauvais signe en ce qui concerne la *qualité* de l'auditeur, et pas du compositeur ! La longueur n'est pas un critère du tout. Schubert a besoin de ce long, long souffle. Les gens s'impatientent parce qu'ils sont incapables de concentration. Parler seulement de longueur quand on évoque ce premier mouvement de la sonate en *si* bémol montre qu'on n'écoute pas assez profondément, de façon assez ouverte.

J.H. – Qu'est-ce que vous faites à la fin de cette première exposition dans la sonate en *si* bémol ?

C.A. – La première terminaison est comme une question — tant de mélancolie et de tristesse est-il vraiment nécessaire ?

J.H. – On voudrait en sortir.

C.A. – Oui.

J.H. – Et la réexposition elle-même — qu'est-ce que cela

veut dire de répéter le mouvement tout entier à ce moment-là ?

C.A. – On retombe dans la beauté de ce désir de mort...

J.H. – La tentation, la séduction de la mort, comme dans « Le Tilleul ».

C.A. – Qui appelle, appelle...

J.H. – Comment diriez-vous que votre jeu a évolué, techniquement, en mécanisme, du fait de l'âge ?

C.A. – Soudain, il y a des questions techniques qu'on ne se pose plus : et le problème disparaît. Je l'abandonne à mes muscles, à mes doigts, pour ainsi dire. Par exemple, une des *Études transcendantes* de Liszt, *Wilde Jagd,* qui est vraiment une des choses les plus diaboliques de toute la littérature de piano, je l'ai travaillée à je ne sais combien de moments de ma vie, sans jamais parvenir à l'indication métronomique donnée par Liszt. Lorsque je m'y suis remis, pour l'enregistrer, j'ai trouvé à ma surprise que je pouvais sans trop de mal la jouer dans le tempo. Vous voyez, quand quelque chose ne veut pas venir, il ne faut pas insister. Il faut laisser mûrir. Je laisse le subconscient résoudre le problème, au lieu de forcer les choses.

J.H. – Vous ne pensez pas qu'à un certain point le déclin dû à l'âge est irréparable, qu'une agilité des mains disparaît ?

C.A. – Je n'en crois rien. Je pense à des pianistes comme Teresa Carreño, dont le jeu n'a jamais été aussi plein de vie que quelques mois avant sa mort. Et Busoni. Je me rappelle ses derniers concerts. Il n'y avait pas la moindre diminution de feu, ni de puissance.

J.H. – Très évidemment la longévité de votre technique a quelque chose à voir avec l'importance que vous accordez à la relaxation. Combien nous pourrions citer de pianistes qui ont joué avec une tension excessive musculaire, et ont diminué d'autant leur carrière.

C.A. – Il en va de même avec les chanteurs. Quand ils sont détendus, ils ne font que laisser le son sortir, et ils gardent leur voix très tard. Les muscles acquièrent une sagesse qui leur est propre.

J.H. – Quelque chose de comparable se produit-il dans le domaine de l'interprétation ? Vous trouvez-vous vous fier de plus en plus à l'intuition spontanée, essayant de moins en moins des mouvements, des attaques, des couleurs, des phrasés ?

C.A. – Je n'ai jamais aimé essayer de la sorte. Je sais que beaucoup de pianistes le font. Et ils demandent à d'autres pianistes : « Comment vous trouvez ça ? » Ou bien : « Vous croyez que je devrais ? » — c'est pour moi une chose inconcevable. Si je doute de la façon dont je devrais jouer quelque chose (un crescendo ici, un ritardendo là), je laisse simplement les choses évoluer. Quand on travaille un morceau, il y a des choses qu'il faut laisser mûrir.

J.H. – C'est un point important, me semble-t-il, à la fois en général et en ce qui concerne votre propre jeu. Parce que c'est une chose qui se confirme chaque fois que je compare vos enregistrements d'un même ouvrage : ainsi vos préludes de Chopin enregistrés en 1950-1951, et ceux de 1973. J'ai vérifié que pratiquement toutes les inflexions caractéristiques de 1973 étaient déjà suggérées dans le premier enregistrement. Elles ont simplement la marque d'une conviction qui vient de plus profond. En fait, il est rare que vous paraissiez présenter une idée vraiment nouvelle, une *trouvaille.* Je trouve cela très remarquable. Un type d'artiste, comme Glenn Gould (je l'admire, je ne voudrais pas paraître le diminuer de la sorte), peut avoir vis-à-vis de la musique une attitude ironique. Il pourrait dire : « Essayons ce passage aujourd'hui plus vite, faisons ressortir les voix autrement, voyons ce qui arrivera. » Et il estime qu'en tapant au hasard on verra surgir des idées intéressantes. Votre attitude est bien différente. Je me demande — vous permettez-vous à vous-même d'essayer des passages à d'autres mouvements à la maison, quand vous travaillez pour vous-même ?

C.A. – Non, non. Jamais. C'est commer jouer une reprise *piano,* ou *pianissimo,* quand on a joué *forte* la première fois. C'est une sorte de manipulation.

J.H. – J'ai du mal à vous imaginer assis au piano et démontrant un passage pour quelqu'un, pour faire voir comment il se construit.

C.A. – Jamais je ne fais cela. Même quand j'enseigne, je ne joue jamais. Le risque d'imitation est trop grand.

J.H. – Mais j'ai idée que ce n'est pas la seule raison. Jouer du piano est un acte que vous n'abordez pas légèrement.

C.A. *(riant)* – Eh bien je dois être un drôle de bonhomme.

J.H. – Connaissez-vous d'autres pianistes qui partagent votre horreur à l'égard de cette pratique désinvolte ?

C.A. – Non. Ils vont ensemble, et jouent les uns pour les autres. Ils se poussent littéralement l'un l'autre du tabouret.

J.H. – Il me semble qu'une fois, alors que vous deviez jouer dans une salle californienne, on vous a amené un piano tout neuf qui venait d'arriver. La directrice de la salle voulait vous le faire essayer, tant elle en était fière. Et vous avez refusé. Mais comme elle insistait vous avez fini par jouer *une note.* Vous vous en souvenez ?

C.A. *(riant)* – Oui. Vous voyez, certaines fois je ne supporte même pas l'idée d'essayer le piano si ce n'est pas indispensable. *Je ne peux pas toucher le piano.*

J.H. – Vous avez déjà parlé de votre répugnance à essayer le piano avant un concert. Mais il y a sûrement eu des cas où vous êtes allé chez Steinway choisir un instrument.

C.A. – Bien sûr, et c'est un supplice.

J.H. – Il y avait des gens avec vous ?

C.A. – Peut-être l'accordeur et un secrétaire.

J.H. – Leur présence vous gênait.

C.A. – Oui.

J.H. – Et qu'est-ce que vous jouiez ?

C.A. – Quelques accords.

J.H. – Vous voulez dire deux ou trois ?

C.A. – Disons quatre. Quand on me raconte que Rubinstein allait à des soirées en sortant d'un concert, et jouait de nouveau, je ne peux pas le comprendre. Pour moi tout, absolument tout, est comme une vraie exécution. C'est probablement ridicule à dire, mais quand je répète avec orchestre et que le chef me dit : « Jouez seulement *mezza voce*, ne gaspillez pas votre énergie », je ne peux simplement pas. J'aime autant m'arrêter tout à fait.

J.H. – Jouer à demi-puissance contredirait à votre compréhension de la musique. Ce serait de votre part une obscénité.

C.A. – C'est le mot même. Un *blasphème.*

LISZT

Liszt fut, selon tous les témoignages, le premier à avoir donné un récital de piano. La chose s'est passée à Londres en 1840, époque où il était déjà l'objet d'une adulation telle qu'aucun pianiste n'en avait connue. Trois ans plus tard, à Berlin, Liszt donnait une série de vingt et un concerts, présentant plus de quatre-vingts ouvrages. Les dames en extase pleuraient. Telle recueillait les feuilles de son thé, telle un bout de cigare de lui, qu'elle portait contre son cœur. Frédéric-Guillaume IV de Prusse, monarque peu aimé, lui fit présent d'une bourse de diamants, que Liszt jeta en coulisse avec mépris. Il quitta la ville dans un attelage tiré par six chevaux blancs. Trente voitures et cinquante et un cavaliers le suivaient en procession. Les rues étaient pleines de ses admirateurs.

Plus qu'un simple pianiste, Liszt personnifiait l'idéal romantique de l'artiste dans sa solitude, héros qui ne doit compter que sur lui-même. Ce qu'il fit, il le faisait seul, sans un orchestre ou une chanteuse avec qui partager l'affiche. Son orchestre à lui c'était le piano, récemment renforcé par des armatures métalliques, subtilement docile à la moindre sollicitation de la main, du pied, de la pensée. Ancêtre de tous les pianistes à venir, il n'était pas seulement le magicien indisputé du clavier mais, tour à tour, en digne élève de Czerny, lui-même disciple de Beethoven, l'exécutant inspiré de la *Hammerklavier* et autres sommets de la littérature. Bête de scène, Liszt faisait de son estrade un théâtre. Moine de la musique, il en faisait un temple. « Quand Liszt joue une musique pathétique, on pourrait croire qu'il a souffert toutes les peines du monde, et qu'il ouvre à vif des blessures », notait son élève américaine, Amy Fay. « Tout ce que nous avons nous-mêmes souffert, il nous le fait revivre. »

Sa propre musique est aussi notable pour ses idéaux religieux et pour son impétuosité batailleuse. Liszt l'homme a été en proie à la même dualité. Comme sa musique est trop vite jugée emphase ou sentimentalité, lui-même sera trop vite réduit à un Casanova ou un Méphisto. Sa technique légendaire, il l'a acquise au prix d'un dur labeur. Il mit son prestige au service de Wagner et de Berlioz, il jouait au profit des victimes des inondations, des écoles de musique, et autres intentions charitables. En dépit des fautes de goût et de vulgarités occasionnelles, il resta dans ce caractère quelque chose de bienveillant et de pur, qui put le mettre sous la coupe de femmes dominatrices, et explique aussi la vocation de piété qui lui fit prendre les ordres mineurs, et presque la prêtrise. « Le Christ en croix, la folie sublime de la Croix, là était ma vraie vocation », écrivait-il à l'âge de cinquante-huit ans. « Je l'ai ressenti au plus profond de mon cœur depuis mes dix-sept ans, quand avec des larmes et des supplications j'implorais qu'on me laisse entrer au séminaire à Paris... »

Miss Amy Fay nous a laissé un portrait de ce meilleur Liszt. « Je n'ai jamais vu de manières comparables aux siennes, écrivait-elle après l'avoir simplement aperçu au théâtre. Quand il s'est levé pour quitter la loge, en prenant congé des dames, il a posé sa main sur son cœur et s'est incliné une dernière fois, et ce n'était ni affectation, ni simple galanterie : c'était cette simple courtoisie qui faisait sembler aussitôt, par comparaison, tout autre salut incorrect ou inconvenant. » Les semaines qui suivirent elle observa son charme (« Je ne peux vous donner idée de son pouvoir de persuasion. Il choisit, et c'est assez pour vous donner envie de le faire »), son amabilité (« Rien ne pouvait égaler sa gentillesse, et la peine qu'il se donnait, au lieu de m'effrayer davantage, me mettait en confiance »), son égalité d'humeur (« Liszt n'avait pas cette susceptibilité nerveuse dont souffrent tant d'artistes, son caractère était au contraire le plus égal et le plus facile du monde »), sa modestie (« Il n'autorise jamais personne à lui demander de jouer : là est le seul point où on voit en lui le sentiment de sa propre grandeur. En dehors de cela il est la simplicité même »), sa bonté enfin (« Le vrai fond de sa nature, c'est la sympathie... »).

La relation d'Arrau à Liszt remonte à sa relation à Krause, qui plaçait très haut Liszt compositeur. Liszt figure à la place d'honneur dans les programmes et les disques d'Arrau jeune. Le prix Liszt l'a couronné en 1919, puis une seconde fois en 1920. Tandis que certains titres, comme *Méphisto Valse* et les *Jeux d'eaux à la villa d'Este,* se maintenaient dans des programmes plus tardifs, peu à peu d'autres compositeurs ont pris le pas. Pourtant, sur le tard, Arrau est revenu à la sonate en *si* mineur et à la *Dante* et s'est trouvé repris par Liszt comme jamais.

De Krause, Arrau a aussi hérité une déférence fervente à l'égard de Liszt professeur, protecteur, et homme de passion. L'ironie de Liszt et son aisance lui font totalement défaut. Néanmoins, bien plus que Beethoven, Busoni ou Krause, c'est Liszt, ou du moins le Liszt qu'Amy Fay nous décrit, dont l'élégance héroïque, la générosité et la fierté sans affectation servent de modèles à Arrau dans ses idéaux et ses façons. Quand le seul ascendant de sa présence suffit à fasciner trois mille personnes, l'héritage de Liszt est apparent. Une fois, en Russie, il fut porté jusqu'à la salle du concert sur les épaules de jeunes musiciens. À Mexico, on dut appeler la police pour disperser un attroupement de candidats auditeurs qui n'avaient pas trouvé de billet. À Buenos Aires, Caracas et Santiago, il lui a fallu une escorte de police pour pouvoir regagner son hôtel. À Santiago, il fut accueilli à la gare par une troupe d'enfants chantant l'hymne national. Sa cape d'opéra pour l'après-concert et ses bijoux d'Ancien Monde ; ses programmes exténuants et ses leçons particulières gratis ; ses titres honorifiques, décernés par quatre gouvernements, et les deux rues qui portent son nom au Chili ; la bonne grâce et le plaisir non feint avec lesquels il reçoit ces hommages : ce sont tous là attributs à la Liszt. L'ambiance calme de son studio de Douglaston, avec le piano, les bougies, les icônes sombres, n'évoque aucune musique autant que celle de Liszt.

L'engagement très particulier qui est celui d'Arrau quand il joue Liszt s'est exprimé d'une autre manière quand je lui ai demandé, dans l'entretien qui va suivre, de décrire la sonate et la ballade en *si* mineur. Nous suivions la musique, posée sur une chaise entre nous deux, page après page. Quand les mots ne venaient pas, Arrau attendait en silence, les yeux détournés ou fermés, jusqu'à ce que la musique reprenne le fil que les paroles ne peuvent suivre. Avec un étrange effort, alors, il inspirait profondément, comme s'il se nourrissait de ces pages de notes silencieuses. À la fin, comme Tristan à la fin d'un de ses emportements téméraires, il rapportait quelque chose de la vision saisie.

J.H. – Quel rôle a joué Liszt dans votre évolution d'artiste ?

C.A. – Krause voulait que ses élèves jouent Liszt très jeunes, et cela m'a libéré d'une sorte d'inhibition émotionnelle. J'ignore si Krause estimait que j'avais en moi un blocage. Mais Liszt m'a vraiment fait *ausgehen*, sortir. Il ne s'agissait ni de jouer mieux, ni de ressentir soi-même l'émotion. Il s'agissait d'apprendre à *projeter*.

J.H. – Projeter... Cela a à voir avec le théâtre, n'est-ce pas ? Avec le jeu de l'acteur. À la différence de Mozart et de

Beethoven, on trouve en Liszt un élément d'exagération — un élément désirable.

C.A. – Désirable à un certain stade. Quand on joue Schiller en Allemagne aujourd'hui, je me plains qu'on ait honte de ses émotions. Les acteurs croient les émotions démodées. Mais vous ne pouvez pas jouer Schiller ou Liszt boutonné. Cela devient insupportable. Le drame de Schiller, la musique de Liszt, il faut les *jouer.*

J.H. – C'est une des raisons pour lesquelles on a tenu Liszt en si piètre estime un si long temps. On regardait les notes sur la page, et on n'y voyait rien. Même un chef-d'œuvre comme *Vallée d'Obermann* peut paraître *à la lettre,* une suite de trémolos et d'accords.

C.A. – Ce n'est pas un bon exemple, parce que l'œuvre est si belle qu'elle réussit à faire son effet même sans un interprète inspiré.

J.H. – Quel bon exemple d'une pièce qui doit être *jouée* ?

C.A. – *Mazeppa,* il faut le jouer. *Harmonies du soir,* il faut le jouer. Parce que c'est au bord du kitsch. Les arpèges, par exemple, ça peut facilement faire trivial.

J.H. – Les trémolos sont un grand problème chez Liszt.

C.A. – Oh ils sont périlleux. Une fois que j'avais joué les *Jeux d'eaux à la villa d'Este,* une dame m'a dit : « Pourquoi est-ce que vous jouez cette chose horrible, on a l'impression que le téléphone n'arrête pas de sonner. » Et moi j'avais été en extase ! Les trémolos peuvent avoir une qualité mystique. Mais il faut faire attention en les jouant. Un peu trop vite ou un peu trop lent, ou un peu trop clair, ils deviennent vulgaires.

J.H. – Le plus mémorable trémolo que j'aie entendu était de vous, à l'apothéose de la sonate de Liszt. Le grand trémolo à la main droite à l'avant-dernière page. C'est un trémolo qui m'avait toujours embarrassé jusqu'à ce que je vous aie entendu le faire. Au lieu de le laisser courir comme une mécanique, vous l'avez graduellement intensifié, puis retardé vers la fin, en sorte que les notes individuelles devenaient de plus en plus distinctes à mesure qu'on approchait du sommet.

C.A. – Tout doit concourir à la signification d'un tel moment, non ? Dans la *Dante,* il y a deux sections absolument incroyables, en tant qu'exemples de trémolos mystiques.

J.H. – Et les accords répétés de l'apothéose de la *Vallée d'Obermann,* c'est aussi un moment dangereux ?

C.A. – Oui, si vous jouez tatata — comme si chaque accord était seul. Les accords doivent trembler. Il faut rester tout près des touches, sans les laisser entièrement remonter.

J.H. – Pour en revenir à ma question initiale sur le rôle de Liszt dans votre développement, j'ai l'impression qu'il y a eu un moment où vous vous êtes éloigné de lui.

C.A. – Eh bien, ça avait des raisons pratiques. On m'avait conseillé de ne pas trop le jouer avant d'être davantage établi ici. Je me suis concentré sur Beethoven, Brahms, Schumann.

J.H. – Quand est-ce que vous lui êtes revenu ?

C.A. – Il y a une quinzaine d'années, je dirais.

J.H. – Et tout ce temps où vous ne le jouiez guère (et personne d'autre, à vrai dire, non plus), est-ce qu'il vous a paru moins important ?

C.A. – Pas vraiment. J'ai toujours aimé Liszt, j'ai toujours eu besoin de lui. J'attendais une occasion de pouvoir le jouer à nouveau.

J.H. – Quel effet cela vous a fait, de le rejouer ? Est-ce qu'il y a des œuvres qui avaient changé de visage ?

C.A. – Complètement. Et la *Dante*, pour commencer. Peut-être est-ce parce que je l'avais trop jouée, enfant encore. En sorte que je la regardais presque comme une étude d'octaves. Et maintenant j'en ai découvert la profondeur. C'est comme une œuvre nouvelle pour moi.

J.H. – Vous ne jouez plus *Mephisto Valse.*

C.A. – Une fois, à Paris, à un concours, je l'ai entendu une soixantaine de fois. Chacune pire que l'autre. Je ne veux plus en entendre parler.

J.H. – Et *Funérailles* ?

C.A. – Je l'ai toujours adoré. Mais là aussi, ce qu'on en fait est terrifiant. On en fait une étude en octaves.

J.H. – Et la sonate en *si* mineur ? Vous l'avez enregistrée en 1970.

C.A. – Je crois que c'était une des premières fois où je la rejouais après l'avoir laissée plus de vingt ans.

J.H. – Comment s'est-il fait que vous y retourniez ?

C.A. – Je l'avais toujours eue en tête. Je l'aimais quand même. Là aussi, conseil. Friede [Rothe] estimait que j'étais enfin assez établi, et qu'il était temps pour moi de montrer mes autres visages.

J.H. – C'était comme un retour à la maison ?

C.A. – Des retrouvailles, oui. J'en ai savouré chaque note. Il m'a fallu un peu de temps. Je me rappelle que la première exécution publique n'était pas fameuse. Ensuite, chaque fois, cela allait mieux. Il me semble qu'à la cinquième, à Vienne, tout y était.

J.H. – À quel âge vous avez étudié la sonate de Liszt ?

C.A. – Je devais avoir dix-sept ou dix-huit ans quand je l'ai jouée en public.

J.H. – C'est une œuvre si importante, et qui a tellement compté pour vous, j'aimerais que nous en parlions davantage en détail. Diriez-vous qu'il s'agit de l'œuvre la plus importante de Liszt ?

C.A. – Oh oui, absolument.

J.H. – Qu'est-ce qui la met au-dessus ?

C.A. – La maîtrise de la construction. À l'époque, cette liberté de forme dans une sonate était chose inconnue.

J.H. – À quel degré peut-on dire que votre interprétation suit un schéma faustien ? Pensez-vous en termes de Faust, et Marguerite et Méphistophélès ?

C.A. – Absolument. C'est une chose qui allait de soi chez les élèves de Liszt.

J.H. – Je ressens la présence de la légende de Faust dans l'intensité et la vision que vous conférez au morceau — il s'y trouve visiblement une vie secrète à laquelle vous vous identifiez. Mais à quel degré peut-on dire qu'aux différents personnages correspondent différents passages ? Ainsi, le thème initial en octaves :

C.A. – C'est absolument Méphisto. Ceci

est aussi une vision de Méphisto. Et ceci

est une vision de l'enfer.

J.H. – Et le grand passage en doubles octaves ?

C.A. – Cela, c'est le triomphe *apparent* de Méphisto. Et ceci, bien entendu, la majesté du Tout-Puissant :

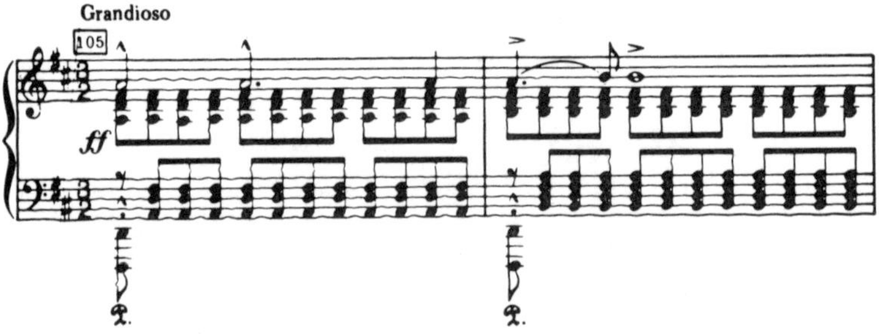

Et ensuite, de Méphisto procède Marguerite, avec la même ligne mélodique, mais un caractère complètement différent — comme une prière pour être épargnée ou sauvée.

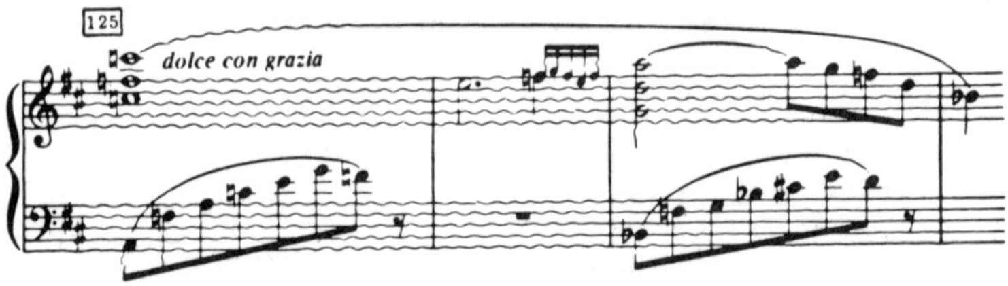

J.H. – Voyez-vous là comme le début d'une confrontation entre Marguerite et Méphisto ?

C.A. – Oui. Et les septièmes diminuées

j'y ai toujours vu Méphisto sarcastique épiant Faust et Marguerite. Alors, à la page suivante, apparaît soudain le coté sensuel, passionné de Faust et Marguerite.

Là est la première affirmation claire du caractère masculin de Faust :

J.H. – Alors Liszt revient aux octaves de l'incipit. Mais ont-elles toujours le même sens ?

C.A. – C'est encore une fois le triomphe apparent de Méphisto.

J.H. – Une page de confrontation ensuite.

C.A. – La chose à remarquer ici, c'est le staccatissimo :

C'est une indication qui n'est jamais suivie — séparer les accords. Ce n'est pas du Tout-Puissant qu'il s'agit, c'est de Méphistophélès. L'accord six-quatre, qui engendre toujours tension, ici sonne ironique. Tandis qu'après, dans la première position, les accords sont *drohend* — menaçants.

J.H. – Qu'est-ce qui se passe dans l'intervalle, dans le récitatif ?

C.A. – Il s'agit de deux êtres humains, qui demandent à être compris et épargnés.

J.H. – En quoi le deuxième récitatif (mesure 306) diffère du premier (mesure 301) ?

C.A. – Il est plus désespéré. Vous voyez, ici, Méphistophélès perd pied. La première fois, les accords staccatissimo sont cyniques, sarcastiques. La seconde fois, avec les accords en première position, il se montre moins. À partir de là il s'effacera peu à peu, il ne reste que la persuasion de son discours. À la page suivante, l'intensité du discours ne diminue pas, même au moment du diminuendo. Les deux derniers accords avant le deuxième mouvement sont comme des soupirs. Et la longueur de la fermata (mesure 330) est capitale. Ensuite, au long du deuxième mouvement, Faust et Marguerite célèbrent l'amour. Il faut que ce soit une extase.

J.H. – Que signifie, au cours de ce mouvement, le retour du thème qui initialement désignait le Tout-Puissant (mesure 363) ?

C.A. – On pourrait dire qu'en dépit de tout le Tout-Puissant a accepté ces deux êtres humains. Comme si la simple sensibilité des humains avait le pouvoir de le toucher.

J.H. – Il y a une page extraordinaire à la fin de ce mouvement, avec des gammes estompées à la main droite.

C.A. – C'est une chose qu'on joue toujours trop vite. On en perd tout le mystère. J'éprouve toujours un frisson en le jouant. La grande fugue, qui vient ensuite (mesure 460) montre Méphisto à nouveau, qui salue en ricanant. Après quoi, la récapitulation, et la victoire dans les pages finales.

J.H. – Et la toute dernière page, après cette culmination ?

C.A. – Là il vous faut prendre bien soin que le thème de Méphisto à la main gauche ne devienne pas insignifiant.

J'y applique de légères distorsions rythmiques, même pour l'ultime *pianissimo.* Et enfin arrive pour la dernière fois le thème de Méphisto, mais avec un *ré* dièse au lieu du *ré* naturel.

Incroyable comme toute la malice de Méphisto est ainsi transformée. En une seule note.

J.H. – Qu'est-ce que vous faites de la toute dernière note, ce *si* grave que vous jouez de façon si soudaine ?

C.A. – La vision tout entière est dissipée.

J.H. – Comme si on s'éveillait d'un rêve ?

C.A. – Exactement.

J.H. – À quel degré vous représentez-vous les événements et les personnages dont vous venez de parler pendant que vous jouez l'ouvrage ? Voyez-vous vraiment Marguerite en jouant sa musique ?

C.A. – Davantage le monde émotionnel où vit Marguerite. Les personnages sont très présents, mais en tant qu'émotions musicales. Je ne fais rien pour susciter des images physiques.

J.H. – Comment vous sentez-vous après ?

C.A. – Eh bien, pendant un petit moment, je flotte. Et j'ai remarqué que si je me trouve en compagnie d'amis, je ne suis bon à rien. Stupide. Je ne peux rien dire — si, des bêtises.

J.H. – Nous avons parlé de cela déjà — le fait de perdre la parole comme pour perdre contact, et de chercher refuge dans sa propre émotion. En jouant, vous avez conscience de l'existence du public ?

C.A. – Oh non, non, non. Au tout début, oui. Mais ensuite, si vous m'arrêtiez, je ne pourrais pas vous dire où j'étais.

J.H. – Votre sentiment quant à la sonate de Liszt a changé avec les années ?

C.A. – Je pense que mon admiration s'est approfondie. Notamment quand j'ai eu le fac-similé sous les yeux. Quand on peut voir comment Liszt a limé les passages qui pouvaient sembler triviaux, quand on voit quel maître de la construction il était. La péroraison originelle, dans le fac-similé, n'est qu'un bruit formidable. De l'épate.

J.H. – Il y a une autre œuvre de Liszt que j'aimerais examiner avec vous, la ballade en *si* mineur. Je sais que vous la voyez comme l'histoire d'Héro et de Léandre. Il ne semble pas y avoir grand-monde qui la comprenne ainsi.

C.A. – C'était une chose bien connue dans le cercle qui entourait Liszt. Pour autant que je me souvienne du mythe originel, la musique le suit fidèlement. Léandre traversait l'Hellespont à la nage pour aller retrouver Héro chaque nuit, et rentrait le matin suivant. La musique fait entendre qu'à chaque fois la chose devient plus ardue. La quatrième nuit, il se noie. Et les dernières pages sont une transfiguration.

J.H. – En somme, les deux premières pages, avec la gamme chromatique ascendante et descendante à la main gauche, représentent la première traversée de l'Hellespont.

C.A. – La première fois, rien n'arrive, en vérité. La mer n'est pas agitée, pas encore. Et vous entendez le thème d'Héro :

La musique pour la deuxième nuit devrait être jouée de façon plus orageuse, quand le thème à la main droite se fait menaçant. La troisième nuit (mesure 70), une tempête terrible se lève. Il s'agit de grandes vagues : ce n'est pas une chose à jouer comme des octaves brisées :

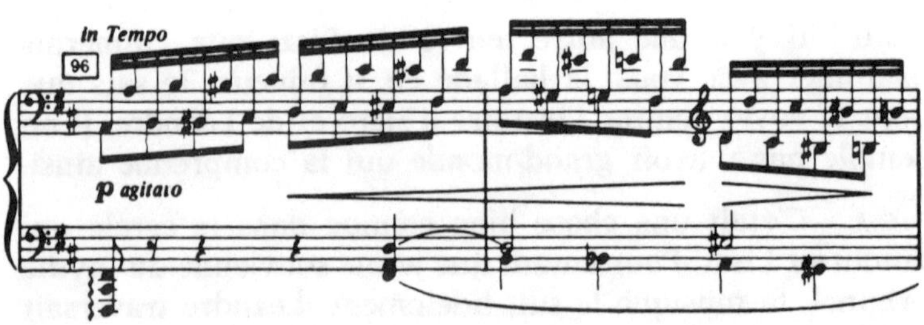

Pourtant Léandre réussit à atteindre le rivage, à bout de souffle. On prétend que Wagner a pris le thème d'amour que voici

pour Tristan.

En tout cas, Héro réconforte Léandre, le caresse, elle comprend comme elle a été près de le perdre. Ensuite vient la quatrième nuit, et la forte tempête (mesure 162). Voici le combat final :

Léandre est au fond du désespoir. Et voici quand il se noie :

Dans la section *appassionato*

le thème d'amour représente l'angoisse d'Héro, ou sa tristesse — sans doute sent-elle inconsciemment que Léandre est perdu. Plus tard vient un glas.

Ici le thème d'Héro doit être joué de façon tout à fait différente, désincarné. Peut-être réalise-t-elle à présent ce qui s'est passé. Et ensuite vient la *Verklärung,* la transfiguration.

Avec une profonde sensualité. Mais quelque chose comme la qualité d'une remémoration.

J.H. – C'est un autre exemple de ces transformations thématiques chères à Liszt, aussi dramatique que celles qu'on trouve dans la sonate. Comment caractériser le thème quand il apparaît pour la première fois, dans les toutes premières mesures ?

C.A. – Il fait ressentir quelque chose comme un combat contre la mer. Tandis qu'ici, dans la *Verklärung,* ce n'est plus qu'une vision.

J.H. – À la fin se pose un problème de texte. Il existe deux versions de la culmination, l'une avec des accords, l'autre en gammes. Vous préférez les gammes (mesure 292).

C.A. – Oui. D'abord parce que les gammes représentent mieux le mouvement de la mer. Les accords sont trop triomphants. Et les gammes acheminent bien mieux la culmination finale. En termes d'interprétation, les gammes posent un vrai problème si vous n'arrivez pas à les jouer avec expression. Il faut les soulever jusqu'à la dernière note. Elles doivent trouver quelque chose de mélodique. Autrement elles paraissent machinales.

J.H. – L'autre question est quelle coda adopter.

C.A. – Oh non. Jamais la première. C'est comme dans la sonate. D'abord Liszt avait écrit une péroraison de pure rhétorique. Il a compris qu'il s'était trompé. La fin révisée est très belle. Il faut jouer cette fois le thème d'Héro (mesure 105) tout autrement — comme affrontant la mort. Elle renonce à lutter et dit adieu à Léandre.

J.H. – Beaucoup de gens se moquent de ce morceau, vous savez, le trouvent mélo.

C.A. – Ce n'est pas juste. J'y vois un des chefs-d'œuvre de Liszt. La musique à programme pose évidemment un problème, voyez-vous. C'est une idée reçue, qu'un musicien n'ait à s'occuper d'absolument rien d'autre que des notes. Je suis d'accord quand on en est arrivé au stade final, à l'exécution. Mais j'ai bien souvent éprouvé, en enseignant, que quand les élèves ne réussissent pas à entrer dans la musique, le seul moyen d'y arriver est de leur mettre en tête un programme. Au moins le temps qu'ils travaillent.

J.H. – Nous n'avons pas du tout parlé de votre film. Très peu de gens savent que vous avez été le héros d'un film consacré à Liszt.

C.A. – Les films mexicains étaient plutôt primitifs à cette époque-là. En fait il me semble que quelques-unes des scènes d'amour n'étaient pas si mal *(rires)*. C'est ce qu'un acteur improvisé peut faire de mieux. Le pire pour moi, c'était les scènes de colère. J'y avais le plus grand mal.

J.H. – Il me semble qu'une scène du film vous a touché au point de vous mettre en larmes.

C.A. – Oh oui. La fin. Liszt est dans le train, un vieillard, il se souvient. Et une jolie fille est assise en face de lui, et elle rit de lui. J'étais très ému, j'ai pleuré.

J.H. – Vous admirez immensément Liszt comme homme.

C.A. – C'était un homme merveilleux, capable de comprendre et d'apprécier ses contemporains. Il y avait sûrement de la vanité chez lui, notamment en face des femmes. Mais quel noble caractère ! Tout ce que la comtesse d'Agoult a pu écrire sur lui est évidemment pure invention.

J.H. – Vous avez lu le journal de Cosima ?

C.A. – Je trouve cela abominable. Je déteste la façon dont elle s'est conduite avec son père. Je veux dire, parfois elle ne l'a même pas reçu à Wahnfried. *Elle,* pas Wagner. Une fois, la fille de Siegfried Wagner, Friedelind — une personne merveilleuse, nous étions amis —, une fois elle s'est fâchée parce que j'avais *osé* faire l'éloge de son arrière-grand-père comme compositeur. C'était l'attitude de toute la famille Wagner. Mais pas du tout de Wagner lui-même. Wagner aimait la sonate. Mais pour la famille il n'existe qu'un seul compositeur au monde. Même Beethoven n'a été qu'un précurseur.

J.H. – À quelle hauteur situez-vous l'héritage de Liszt ?

C.A. – Le problème avec Liszt est qu'il y a une telle quantité de *Gelegenheitswerke,* d'œuvres de circonstance, dont une bonne part n'aurait pas dû être publiée.

J.H. – Mais même les chefs-d'œuvre sont souvent décriés.

C.A. – C'est la faute des interprètes. Parce qu'ils en ont fait une démonstration de doigts. Et Liszt invite plus souvent que Chopin ou Schumann à exhiber ses doigts.

J.H. – Vous jouez Liszt depuis plus d'un demi-siècle. Cela vous permet un regard clair sur les hauts et les bas de Liszt ?

C.A. – L'Allemagne a résisté plus longtemps que les autres. Et elle continue à ne pas le reconnaître encore comme un grand compositeur. Quand on parle en Allemagne de la renaissance de Liszt, on en parle comme d'une chose qui se passe à l'étranger. Cela me met en rage. En Autriche aussi et en Italie, et dans le monde où on parle espagnol et portugais, il y a la même résistance. Mais en France le retour de Liszt est merveilleux. Peut-être en trouverait-on des symptômes déjà anciens, parce que Debussy et Ravel admiraient les *Jeux d'eaux à la Villa d'Este.* En Angleterre et aux États-Unis, la renaissance est en marche depuis une vingtaine d'années, je dirais.

J.H. – En parcourant vos critiques du *New York Times* l'autre jour, je suis tombé sur une, des années quarante, où Olin Downes parle des *Jeux d'eaux à la Villa d'Este* comme d'une musique de salon sublimée.

C.A. – Cela vous donne une idée de la façon dont critiques et public parlaient de Liszt, alors.

J.H. – Il me semble qu'il est rétabli, à présent.

C.A. – Sans doute je ne mettrais pas Liszt à la hauteur de Bach, Mozart, Beethoven, ou Schubert. Mais à la hauteur de Weber, Chopin, Schumann et Brahms.

BRAHMS, CHOPIN, BEETHOVEN

Outre Liszt, les compositeurs auxquels le nom d'Arrau est le plus volontiers associé seraient sans doute Beethoven, Brahms, Chopin et Schumann. Leur musique se prête moins que celle de Liszt à l'analyse par programme et métaphores. Dans le cadre d'un tel livre, passer autant de temps sur une sonate de Beethoven ou une ballade de Chopin que sur la sonate et la ballade de Liszt ne nous aurait conduits qu'à une profusion de détails techniques. Mon projet initial était de réunir en un seul chapitre nos discussions sur Beethoven, Brahms, Chopin et Schumann, moins détaillées que les propos sur Liszt. Le Quatrième Concerto de Beethoven, en fait, a laissé apparaître une *histoire*. En parlant de Brahms et de Chopin, Arrau a pu mentionner des lignes directrices d'interprétation, et citer des images spécifiques. Pour une raison ou pour une autre, sur Schumann il est resté sec, ses remarques étaient rares et brèves.

Arrau est venu à Brahms relativement tard. Martin Krause était d'avis que les textures pianistiques de Brahms, épaisses, ne sont pas bonnes pour le développement des doigts. La seule œuvre de Brahms qu'Arrau se souvient d'avoir étudiée avec Krause, c'est les *Variations Paganini* — et les cinquante et un exercices. Les œuvres de Brahms qu'il a le plus jouées sont les sonates en *fa* mineur et *fa* dièse mineur, les *Variations Haendel,* et les deux concertos pour le piano. Les pièces pour le piano plus tardives (opus 76, 79, 116, 117, 118, 119), il les a plus ou moins ignorées. Krause en faisait peu de cas, et l'Allemagne ne les aime guère, selon Arrau. Pourtant, récemment, il a découvert en elles plus de passion qu'il n'en soupçonnait, et a pensé à en programmer peut-être quelques-unes.

Chopin, aux dires d'Arrau, est un compositeur que Krause estimait contre l'avis du reste de l'Allemagne. À l'exception de la musique de chambre et de la toute première sonate, peu connue, il a joué tout ce que Chopin a écrit pour le piano, y compris polonaises et mazurkas, qu'il n'a pas, elles, enregistrées.

Depuis les années cinquante, Arrau a joué Beethoven plus que quiconque, prédilection que reflète sa discographie (plus de quatre-vingts titres), et son édition des sonates pour Peters, en deux volumes.

J.H. – Les ouvrages de Brahms que vous jouez le plus constamment, je pense en particulier aux deux sonates en *fa* mineur et *fa* dièse mineur, au concerto en *ré* mineur, sont des œuvres de jeunesse. Pas seulement au sens littéral, au sens où Brahms n'avait pas encore vingt ans, ou à peine, quand il les a composées ; mais aussi parce qu'une jeunesse parle en elles. Pourtant il me semble que toutes les trois sont justiciables de plus d'un type d'interprétation. Vous jouez le concerto en *ré* mineur large, suggérant la maturité de l'expérience. Beaucoup de pianistes le prennent plus vite, suggérant un autre type de passion, plus irritée, plus extérieure.

C.A. – C'est une erreur d'associer la vitesse à la passion. Dans une musique qui demande à être jouée lentement, la vitesse est le contraire de la passion. Toute la tension se perd. Pour le concerto en *ré* mineur, je ne crois pas qu'il y ait deux interprétations possibles. Le premier mouvement est marqué *maestoso :* ce n'est même pas *allegro* ! Et où est la majesté si on le joue trop vite ? Brahms a été précoce en maturité, il le montre dans ce concerto. Et comment on joue le deuxième mouvement ! Les chefs le prennent plus vite, parce qu'ils n'ont qu'une note à battre.

J.H. – Quelle est l'humeur du deuxième mouvement ?

C.A. – Avant tout, c'est la tragédie de la folie et de la mort de Schumann. Et aussi Clara dans son deuil. Ajoutons que Brahms a écrit sur un des exemplaires manuscrits : « *Benedictus qui venit in nomine Domini.* » Et avec tout cela, on joue quand même un tel mouvement métronomiquement ! Pour le dernier mouvement, qui est d'une telle vitalité, il y a plusieurs approches possibles. Mais dans les deux premiers, impossible. Sous peine de contresens.

J.H. – Pouvons-nous parler de la cadence du deuxième mouvement ? J'y vois un des grands moments de votre propre interprétation.

C.A. – Les trilles suggèrent quelque chose comme une extase religieuse. Je dois toujours implorer les chefs, les implorer, à deux genoux, de ne pas presser après la cadence. Au contraire. La fin du mouvement devrait être prise encore plus lent. C'est comme un adieu à Schumann, avec un regard en arrière. Le dernier mouvement pose moins de problèmes. C'est une affirmation, une acceptation de la vie. C'est bien la réaction de quelqu'un de jeune au sortir d'une telle tragédie.

J.H. – Avez-vous quelque chose à dire du premier mouvement ?

C.A. – Monumental. Colossal. Il n'y avait rien eu de comparable en musique avant. Jamais. Déjà, dès la deuxième mesure, Brahms passe de *ré* mineur à *si* bémol majeur — rien que cela a déjà dû beaucoup choquer les gens. Au fond ç'a été un échec assez caractérisé la première fois que Brahms l'a joué. Il lui a fallu quatre ans pour le finir. Et il a fallu encore un large demi-siècle avant qu'il ne soit vraiment accepté.

J.H. – Brahms a écrit trois sonates pour le piano. Vous vous êtes identifié à deux d'entre elles, la *fa* mineur et la *fa* dièse mineur. Avez-vous jamais joué l'*ut* majeur ?

C.A. – Non. Je la trouve faible. Le mouvement lent est très beau.

J.H. – Vous trouvez la *fa* dièse mineur plus forte, quoiqu'en fait elle ait été écrite la première ?

C.A. – Oui. Le début de la *fa* dièse mineur est tellement incroyable, un tel défi au monde. Cela devrait suffire à rendre les pianistes, les jeunes surtout, désireux de la jouer. La totalité du premier mouvement est authentiquement superbe.

J.H. – Est-ce que la coda pose un problème technique ou interprétatif ? Brahms demande que toute la dernière page soit jouée *fortissimo.*

C.A. – Tel que c'est écrit, c'est à peu près impossible — ces grands intervalles *fortissimo.* En fait, sans exception aucune, les gens redistribuent les notes. Ici, par exemple, ils donnent les notes graves de la main droite — *fa* dièse, *ut* dièse, *la, fa* dièse, à la main gauche :

Et ainsi, évidemment, cela devient facile. Mais une fois de plus je dois dire que cette façon de rendre les choses plus faciles est incorrecte. La difficulté physique comporte en tant que telle une valeur expressive. Quand une chose semble facile à faire, son sens change complètement. Un autre passage de cette même sonate qui n'est presque jamais joué tel que c'est écrit est la dernière page du scherzo : les notes graves extrêmes des trémolos à la main droite sont tout simplement escamotées ;

J.H. – C'est une sonate qu'on ne joue pas bien souvent.

C.A. – Je crois que c'est parce qu'elle se finit de façon si étrange. Disons qu'elle ne fait pas crouler la salle. C'est l'extase — mais *pianissimo,* à l'exception des trois derniers accords. Et donner un sentiment d'extase mystique aux gammes et aux trilles de la dernière page est très difficile. Il me semble que, du point de vue de la construction, ce n'est pas un modèle de spontanéité.

J.H. – Vous auriez préféré qu'elle finisse autrement ?

C.A. (*riant*) – Ma foi, oui. Quelque chose qui aille mieux avec la culmination qui précède.

J.H. – Mais ne diriez-vous pas que dans la sonate en *fa* dièse mineur c'est le dernier mouvement tout entier qui est problématique ?

C.A. – En fait, moins que le finale de la *fa* mineur.

J.H. – Mais la *fa* mineur a un mouvement lent autrement mémorable. Si nous en parlions un peu ? C'est un tel sommet dans...

C.A. – Dans toute la musique ! Pour moi c'est la plus belle musique d'amour, *Tristan* excepté. Et la plus érotique — si vous laissez vraiment les choses aller, sans inhibition. Et si vous jouez aussi *lentement* qu'il faut.

J.H. – Vous laissez-vous influencer, dans votre façon de jouer, par le passage de Sternau que Brahms met en exergue de mouvement : « L'ombre se fait, la lune se montre : deux cœurs faits un par l'amour s'étreignent bienheureux » ?

C.A. – Tout à fait. Vous savez, Sternau était un poète insignifiant, nul. Je ne sais pas d'où Brahms a été déterrer cette citation.

J.H. – J'ai eu une fois une grande discussion avec un professeur new-yorkais bien connu, pour savoir si la section finale de ce morceau, que Brahms marque *andante molto,* devrait être jouée plus vite, ou moins, que le tempo de base.

C.A. – Plus lent. Brahms ne savait pas l'italien. Il pensait qu'*andante* veut dire lent. Particulièrement dans ses premiers ouvrages, il était approximatif dans son emploi des termes italiens. *Andante molto,* en italien, voudrait en fait dire : plutôt allant. Une autre question se pose sur l'esprit de l'ensemble de ce mouvement. Il est écrit à quatre, pas à deux.

J.H. – Alors pourquoi Brahms n'écrit pas quatre-huit, au lieu de deux-quatre ?

C.A. – Ce deux-quatre vous le trouvez chez Beethoven aussi, souvent, et il faut le jouer à quatre, pas à deux. Ainsi

Les Adieux, le début et l'andante. Avez-vous jamais lu l'article de Rudolf Kolisch sur les indications de tempo chez Beethoven ? Il mentionne plusieurs cas de ce genre. Si vous jouez le mouvement lent de la *fa* mineur de Brahms à deux temps, vous en faites quelque chose d'*agréable*. Au lieu de l'extase.

J.H. – Avez-vous quelque chose à dire sur la section *poco più lento* ?

C.A. – C'est une série de groupes de deux notes. On les joue parfois comme une mélodie continue. Mais ce devrait être comme un échange de paroles entre amoureux. Plus loin

les deux voix reviennent faites un.

J.H. – Il n'y a presque rien de semblable chez Brahms ?

C.A. – Si, peut-être un peu, dans la deuxième des ballades op. 10, où on retrouve ce sentiment des grands espaces. Cette ballade me rappelle aussi un lied de Brahms, *Feldeinsamkeit*. Il s'agit d'un promeneur couché sur le dos dans un champ, il regarde vers les nuages, et l'extase le prend. Les ballades de l'opus 10 sont généralement très proches du monde des lieder de Brahms. Je pense que dans le domaine du lied il était absolument un inspiré — c'est un fait qu'acceptent même ceux qui, par ailleurs, le rejettent comme pompeux.

J.H. – Je trouve votre enregistrement de la quatrième ballade particulièrement révélateur.

C.A. – Elle aussi, elle nous donne très fortement le sentiment d'une expérience mystique de la Nature, dans le soleil d'abord puis dans l'ombre. La fin est incroyable — *più lento,* puis *poco a poco ritenuto,* puis *ritenuto,* et pour finir *adagio.* C'est comme d'arriver à un point de l'extase où tout s'arrête. Sainte Thérèse décrivait l'union avec Dieu au sommet de la tension mystique : impossible de faire un mouvement alors. Les Français ont un mot pour cela, hébété. Les Allemands disent *erstarrt.* C'est absolument cela, cette fin.

*

J.H. – Vous avez raconté que quand vous avez joué le concerto en *mi* mineur de Chopin à Cologne avec Otto Klemperer, il est apparu que Klemperer ne l'avait jamais dirigé de sa vie.

C.A. – Il ne connaissait simplement pas Chopin. À la répétition, pendant le tutti d'orchestre, il a arrêté l'orchestre et remarqué : « Messieurs, cet homme était vraiment un grand compositeur. » Comme si c'était une révélation ! Bien des gens en Allemagne, surtout entre les deux guerres, ne prenaient pas Chopin pour un grand musicien. Même s'ils admiraient parfois sa musique, c'était par condescendance. On lui reprochait le simple fait qu'il n'ait presque pas écrit pour l'orchestre, ni de musique de chambre.

J.H. – Avez-vous remarqué chez des pianistes allemands cette condescendance à l'égard de Chopin ? Schnabel ?

C.A. – Je crois bien. Je l'ai entendu jouer le concerto en *mi* mineur. On aurait dit du Bach. C'est comme s'il s'était dit : « Je vais leur montrer à quoi Chopin devrait vraiment ressembler. » On aurait dit une invention de Bach.

J.H. – Mais il y a un préjugé à l'endroit de Chopin, que sa musique n'est faite que pour la montre.

C.A. – Oui, un prétexte à culte de la personnalité, plutôt qu'un message valide pour l'humanité entière. Bien des Allemands l'ont tenu pour un compositeur de salon. Ils le jouaient en effet pour la montre, pour faire valoir leur *élégance*. Bien sûr, il y a de l'élégance dans la musique de Chopin, au sens le plus merveilleux du mot. Mais ce n'en est qu'un aspect. L'idée de certains est aussi absurde — qu'il faut le monter jusqu'au *mezzo forte*, et puis le laisser retomber. Le fait est qu'il était malade, qu'il n'avait guère de vigueur physique, mais ce n'est pas une raison pour que d'autres l'imitent. Sa musique est autrement grande. On parle de sa collection de cannes et de ses mouchoirs recherchés, de ses cravates, de son élégance vestimentaire, de son style de vie. Mais je suis intimement convaincu qu'un compositeur n'est pas son meilleur interprète.

J.H. – Est-ce qu'en Allemagne quelqu'un, peut-être Busoni, s'est fait l'avocat de Chopin grand compositeur ?

C.A. – Eh bien, Busoni adorait les préludes. Mais, comme Schnabel, il voulait *sauver* Chopin des attitudes que d'autres pianistes lui surimpressionnaient. Je ne l'en ai jamais entendu parler, mais c'est l'impression qu'il m'a faite.

J.H. – Et aux États-Unis, vous avez rencontré des attitudes à l'égard de Chopin très différentes ?

C.A. – La seule chose que je puisse dire, c'est qu'en Allemagne vous pouviez être tenu pour un grand artiste même si vous ne jouiez pas Chopin. Tandis qu'aux États-Unis, en France, en Angleterre, il pouvait y avoir des artistes qui ne jouent que Chopin, et qu'on considérait quand même comme de grands artistes.

J.H. – Pour un artiste, jouer Chopin était une chose plus importante aux États-Unis qu'en Allemagne.

C.A. – Définitivement.

J.H. – On se faisait de lui une autre image ?

C.A. – Eh bien, aux États-Unis, Chopin *enchantait* tout simplement le public. Personne n'imaginait qu'il puisse en outre être profond.

J.H. – Où mettriez-vous le sommet de l'œuvre de Chopin ?

C.A. – Quelques-uns des nocturnes, je pense.

J.H. – C'est une vue hérétique, vous savez ?

C.A. – Ah ?

J.H. – Assurément. La plupart...

C.A. – Diraient quoi ? Les ballades ?

J.H. – Et les préludes. Les nocturnes, ils les trouveraient plus narratifs, moins explorateurs.

C.A. – Vous n'imaginez pas combien de gens me disent que mon Chopin les surprend. Et moi je trouve si évident de le jouer comme je le joue.

J.H. – À quel degré avez-vous conscience de jouer différemment ? Ainsi, dans vos nocturnes, celui où vous heurteriez le plus la sagesse des nations, c'est sans doute le *sol* majeur de l'opus 37. On a l'habitude de l'entendre plus paisible. Vous n'avez pas conscience de le jouer de façon anormalement agitée ?

C.A. – Je ne sais même pas ce que c'est que cette sagesse des nations.

J.H. – Vous rappelez-vous un autre pianiste dans ce même nocturne ? Se peut-il que vous ne le connaissiez que dans votre propre interprétation ?

C.A. – Je ne vois pas qui j'aurais pu y entendre. Voyons, qui Chopin aurait aimé ? Il y a eu une splendide interprétation du Troisième Nocturne par D'Albert. C'était magique. J'ai beaucoup aimé la façon dont Horowitz jouait la sonate en *si* bémol mineur à Berlin, dans les années vingt. Et naturellement je me rappelle De Pachmann. Le Quatrième Scherzo. C'était suprêmement beau — léger, avec tous ces traits aussi pleins d'âme. De Hofmann je ne sais que dire. Celui que j'ai le plus aimé dans Chopin, c'est sans doute Cortot. Malgré ce décalage des mains. Je me rappelle une merveilleuse exécution des études à Londres. Je l'ai aussi entendu dans les préludes.

J.H. – Les préludes. Il me semble que c'est l'ensemble de Chopin qui confond le plus réellement les préjugés de ses détracteurs. Qui pourrait dire qu'il s'agit de musique de salon, ou de prétexte à bravoure ? Vous les jouez toujours comme un tout ?

C.A. – Oui. Dans ma jeunesse je pouvais en jouer à part. Mais j'ai cessé, — dans les années vingt, il me semble.

J.H. – Y en a-t-il que vous aimez particulièrement ?

C.A. – Comme je vous l'ai dit, je ne pense jamais à eux comme à des compositions isolables. Ils se répondent l'un l'autre. Et quand j'ai fini l'un, j'ai besoin de jouer celui qui suit. En un sens, ils forment un résumé du monde de Chopin. Avec cette alternance de lumière et d'ombres.

J.H. – J'ai récemment entendu une bande d'un concert que vous avez donné à Los Angeles en 1969, et dans certains cas vous alliez jusqu'à enchaîner un prélude à l'autre, sans marquer d'arrêt, pas même un silence entre. Ce n'est pas le cas dans votre disque, parce que les ingénieurs ont séparé des plages.

C.A. – Cela me rappelle un peu les connexions entre mouvements dans le Beethoven de la fin. Un mouvement fait *éruption* de celui qui précède, et dans un sentiment tout à fait différent. Dans l'opus 109, par exemple. Et dans l'opus 101.

J.H. – Quels préludes jouez-vous habituellement sans prendre le temps d'un silence ?

C.A. – Le *si* bémol mineur (n° 16). Et aussi le *ré* mineur (n° 24).

J.H. – Voulez-vous que nous revenions au premier prélude, pour que vous disiez quelque chose de certains, pris individuellement ?

C.A. – Le premier est très évidemment une introduction. Une introduction intensément dramatique. On en a fini en une demi-minute ou quelque chose d'approchant. Et il en résulte l'établissement d'une tension émotionnelle. Ce prélude a sûrement quelque chose à voir avec l'énergie sexuelle. Une trace d'orgasme.

J.H. – La musique tend et tend vers cette culmination.

C.A. – Ce qui expliquerait les trois mesures au rythme altéré

Dans ces trois mesures, juste avant la culmination, vous ne respirez plus. Le *la* mineur (n° 2) est fantastiquement désolé. Mais ensuite, le troisième en *sol* majeur, ouvre comme un paysage aimable, un printemps.

J.H. – Vous insistez beaucoup sur le retour à la main droite à la mesure 17, plus qu'aucun pianiste que j'ai entendu. Et vous le préparez par un important rubato.

C.A. – C'est un temps où les ornements s'intègrent à la ligne mélodique même. Il faudrait toujours traiter de tels ornements mélodiquement chez Chopin. Le *mi* mineur (n° 4) est à nouveau mélancolique. Je ne connais pas d'autre musique où la mélodie se fait de deux simples notes, et tous les événements émotionnels s'inscrivent dans les modulations, donnant aux deux notes d'autres couleurs, d'autres humeurs. Et lorsque les phrases *espressivo* viennent, ensuite, leur impact est formidable, à cause de la monotonie même de ces deux notes.

J.H. – Dans le sixième (*si* mineur), vous soulignez les inflexions plaintives sur deux notes à main droite, comme un contre-sujet pour la mélodie à main gauche. On reproche souvent à Chopin de n'écrire que pour une seule main. Mais, dans votre interprétation des préludes, je remarque de nombreux exemples de cette individualité de chacune des mains. Dans le *sol* dièse mineur (n° 12) l'énergie et la décision de la main gauche sont telles que tout le prélude devient pratiquement une lutte entre les deux mains.

C.A. – On peut dire cela du *sol* dièse mineur en effet. La fin en est fantastique. La main gauche continue à insister sur la même chose, et la droite, comme ne sachant que faire, escalade l'extrême aigu.

J.H. – Je vous ai entendu dire du *mi* bémol mineur (n° 14) qu'il est le plus énigmatique de tout le cycle.

C.A. – Dans l'édition d'Oxford le tempo est marqué *largo* au lieu d'*allegro*. C'est pourquoi je le joue lentement. Chopin l'a écrit au crayon ou quelque chose de semblable. Vous savez, on le joue parfois impressionniste. Mais à mes yeux il est plein de *Qual,* de tourment intense. Exaspéré.

J.H. – On compare souvent le *mi* bémol mineur au finale de la sonate en *si* bémol mineur, lui aussi écrit comme deux lignes séparées à l'octave.

C.A. – Ce finale a évidemment rapport à la marche funèbre qui précède. On disait autrefois : le vent sur la tombe. Mais le *mi* bémol mineur, surtout si on le joue lent, est autrement tourmenté.

J.H. – Un autre qui est énigmatique ou évasif un peu dans le même sens, parce qu'une fois de plus il n'y a pas de mélodie sur quoi s'appuyer, c'est le *fa* mineur (n° 18).

C.A. – Oh oui. C'est *impressionnant* ! Il faut le rapprocher du deuxième mouvement du concerto en *sol* de Beethoven. Ici aussi deux éléments en conflit. La voix d'en haut plaide de la façon la plus désespérée. Et les accords répondent par le plus brutal des refus. Refus de plus en plus insistant. C'est un combat terrible et, à la différence du concerto, il est ici sans solution. La voix qui plaide s'évanouit, c'est tout. Les deux accords finaux réitèrent le refus.

J.H. – Vous voulez dire un mot des quelques derniers préludes comme d'un tout, — cette façon qu'a Chopin de nous conduire jusqu'à son dernier mot ? Que le cycle doive ainsi s'achever en cataclysme, est-ce que, d'un commencement, c'était écrit ?

C.A. – Non. C'est seulement à partir du prélude en *si* bémol mineur (n° 16), dirais-je, qu'on sent que l'approche vitale, l'approche essentielle est tragique. Les préludes paisibles, positifs, ne paraissent plus que comme remémorations de ce qui a rendu la vie supportable. Vous connaissez la lettre de Chopin à son ami Titus, du 15 mai 1830, à propos du deuxième mouvement du concerto en *mi* mineur ? Du printemps et du clair de lune ? Le prélude en *fa* majeur (n° 23) lui ressemble beaucoup. Un peu *Au bord d'une source.*

J.H. – Vous avez du mal à donner sa place propre au prélude en *fa* majeur ? Ou bien vous semble-t-il dévoré par le vingt-deuxième (*sol* mineur) et le vingt-quatrième (*ré* mineur) ?

C.A. – Non, non, pas du tout. Il est indispensable. C'est un va-et-vient, qui fait voir l'autre côté de la vie. Si Chopin était passé directement du *sol* mineur au *ré* mineur, il les aurait tués l'un par l'autre.

J.H. – Et ce *ré* mineur ?

C.A. – Il en existe une description célèbre, « du sang, de la volupté et de la mort ». C'est tout dire.

J.H. – Vous faites ressortir la main gauche de façon très marquée.

C.A. – J'en ai entendu l'autre jour une exécution où la main gauche n'était qu'un fouillis. Alors que c'est un élément dramatique essentiel, une mer démontée. On pourrait dire que le prélude plonge en fin de course, comme pour se noyer. Ou que la corde de la vie est coupée, comme par les Parques anciennes.

J.H. – Quel doigté utilisez-vous pour les trois *ré* graves de la fin ?

C.A. – Trois-quatre-cinq. C'est absolument évident. La possibilité de faire une fausse note est nulle. Et on obtient de la sorte la transmission de la totalité de la puissance du corps.

J.H. – Pourquoi préférez-vous ce doigté à l'utilisation du pouce, par exemple, que Cortot recommande ?

C.A. – Avec le pouce, vous ne pouvez que frapper verticalement ou à plat. Verticalement, ce serait inévitablement rude et laid. Et à plat vous êtes moins sûr d'obtenir la puissance désirable.

J.H. – Les préludes sont-ils ce que Chopin a fait de plus sombre ?

C.A. – J'aurais tendance à dire que oui. La fin est si définitive. Je veux dire, au sortir de cela, vous ne pouvez guère retrouver votre enthousiasme de vivre.

*

J.H. – Dans le cycle des sonates de Beethoven, existe-t-il dès le début des présages stylistiques qui laissent entrevoir un monde final très différent de celui des sonates du début ou du milieu ?

C.A. – Il faut jouer les sonates de la fin de façon plus improvisante, et avec davantage de rubato. Nous savons que le jeu de Beethoven lui-même était très libre. Schindler, par exemple, évoque ses variations de tempo.

J.H. – Pourriez-vous marquer dans le cycle le point où commence ce plus grand degré de liberté interprétative ?

C.A. – Quoique l'opus 81a appartienne à la période finale, il n'en donne guère occasion, à cause de sa structure raide. Mais avec l'opus 90, assurément.

J.H. – La chose est rendue claire dans votre enregistrement, le rubato est beaucoup plus prononcé dans les dernières sonates qu'avant. Je trouve votre opus 111 particulièrement caractéristique, tant par l'usage du rubato que par votre vision du cheminement de Beethoven — cet itinéraire spirituel. Vous voudriez évoquer ce qui se passe dans le deuxième mouvement ?

C.A. – Pour commencer, une suggestion du thème est déjà donnée dans la coda du premier mouvement, où tous les conflits et les combats démoniques traversés se réfugient à la main gauche, tandis que la main droite conduit au deuxième mouvement.

J.H. – Quand vous dites que la main droite introduit au deuxième mouvement, vous voulez dire que le thème du deuxième mouvement, l'ariette, est préfiguré ?

C.A. – Oui. Et il faut le jouer comme tel. Les trois premières mesures

correspondent à la fin de la première phrase de l'ariette.

Et les deux mesures suivantes, avec leurs intervalles plus marqués, correspondent à la fin de la deuxième phrase de l'ariette. Une trouvaille fantastique est qu'il n'y ait pas de fermata après l'accord final, ni de repos. Ce pourrait être une négligence, naturellement. Mais je pense que c'est intentionnel, qu'il faut établir la liaison de façon pleinement consciente : par la durée de ce dernier accord ; par le lever de la pédale pour respirer, brièvement, avant l'ariette.

J.H. – S'il y avait un point d'orgue ou un repos, on prendrait moins garde à ce silence entre les mouvements.

C.A. – Exactement. Il doit exister quelque chose comme une connexion mystique. À ce propos, il existe une connexion tout aussi inhabituelle entre le premier et le deuxième mouvement de l'opus 109.

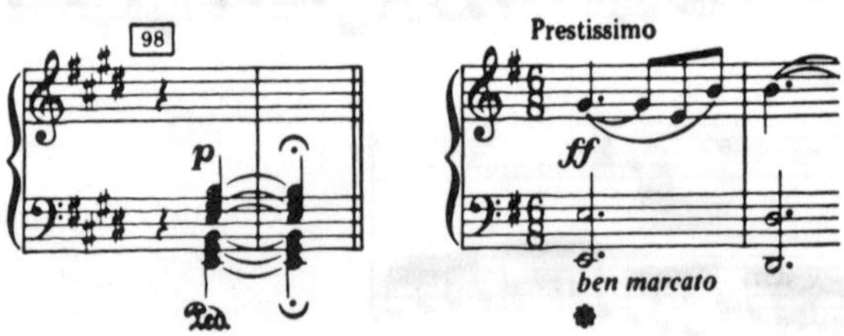

Il faut lever la pédale une fraction de seconde avant de se ruer dans le *prestissimo*.

J.H. – Nous en revenons au deuxième mouvement de l'opus 111 ?

C.A. – Bon, il y a déjà une incroyable évolution de l'ariette entre la première et la deuxième variation, et de la deuxième à la troisième. Particulièrement là.

J.H. – La troisième variation est extrêmement violente. Plus proche peut-être des combats du premier mouvement que de l'exaltation du deuxième ?

C.A. – Non, non. Le sens de l'affirmation est entièrement différent. C'est comme un regard en arrière sur la vie avant de la quitter. C'est une affirmation joyeuse de la vie sur terre. Je trouve merveilleuse cette façon qu'a de transparaître, une ultime fois, l'attachement à la vie. Le début de la variation suivante n'a déjà plus rien qui parle d'existence en termes d'individu. J'y verrais plutôt la respiration de la Nature. Ou bien une descente chez les Mères — *die Müttern.* Ensuite vient cette sublime ascension à l'extase mystique. Il y a une phrase chez Goethe qui le dit bien, « *der Fall nach oben* », la chute vers le haut.

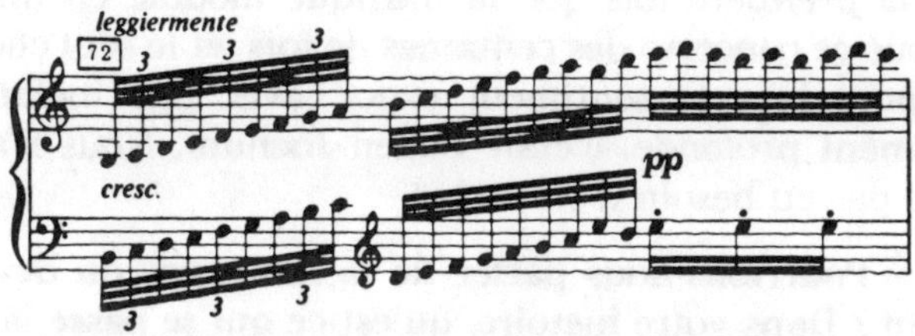

J.H. – Une autre œuvre dont j'aimerais discuter est le Quatrième Concerto, qui lui aussi me semble trouver en vous un interprète très à part. Et je sais que récemment vous l'avez beaucoup joué.

C.A. – Saviez-vous qu'il existe en Allemagne une tradition

qui rapporte le climat des premier et deuxième mouvements à la légende d'Orphée et Eurydice ?

J.H. – Je n'en n'ai entendu parler que pour le deuxième mouvement. Comment s'en accommode-t-on pour le premier ?

C.A. – Ce premier mouvement est toujours pris trop vite. Le *moderato* d'*allegro moderato* devrait être écrit à l'encre rouge. Et aussi on le joue toujours de façon trop avenante, avec de brefs staccatos. Je ne saurais en apporter la preuve, mais j'ai la conviction qu'il s'agit d'un mouvement désolé. Ce qui s'arrangerait du thème d'Orphée. Orphée ayant perdu Eurydice. Ensuite le deuxième mouvement montre Orphée aux portes de l'Enfer, suppliant les Furies de lui rendre Eurydice. La chose très importante, c'est, dès le début, la façon dont le thème est joué :

29

C'est la première fois que la musique module en mineur. J'ai joué ce concerto des centaines de fois, et le seul chef qui l'ait pris dans le sentiment exact, avec une mélancolie réellement profonde, c'était Eugen Jochum. Nous n'avons même pas eu besoin d'en parler.

J.H. – Pourrions-nous parler de la naissance du développement ? Dans votre histoire, qu'est-ce qui se passe là ?

C.A. – Orphée plaide pour Eurydice. Quatre fois il implore. Ensuite commence son combat contre les forces d'En bas. Ces passages en arpèges dans le développement — il faut les faire parler. Ici le quintolet à main droite et le triolet à main gauche ne doivent pas paraître confondables :

J.H. – C'est un point important, parce qu'il est caractéristique de votre Beethoven. Il y a des passages comparables au début de l'*Appassionata* où vous soulignez des différences rythmiques pour donner aux traits quelque chose de plus spécifique, de plus articulé. Ici, par exemple, à la culmination du développement :

C.A. – Il ne faut pas jouer cela comme des quintolets. Il faudrait un arrêt distinct sur la dernière note, qui n'est pas une double croche mais une croche. Et le plus serait le mieux : le plus de drame, le plus d'intensité.

J.H. – Ce n'est pas une séquence d'arpèges en rythme libre.

C.A. – Pas du tout. Dans le Beethoven du milieu, notamment, la clarté des rythmes est terriblement importante. Et on la néglige le plus souvent. Il y a un autre merveilleux endroit, dans le premier mouvement de l'*Appassionata :*

Les doubles croches à la main droite tombent habituellement en retard. Pourtant il faut les intégrer à l'ensemble du mouvement en doubles croches de ce développement. Un-deux-trois-un-*deux-trois-un*-deux-trois-un-*deux-trois-un.* Les doubles croches aux deux mains tombent exactement en même temps.

J.H. – Pour revenir au concerto en *sol* majeur, pouvons-nous voir la cadence ?

C.A. – Ici, depuis

jusqu'à

la prière d'Orphée se fait plus intense, plus désespérée. Cette idée réapparaît dans la coda. La fin de la coda est vigoureuse, évidemment : c'est peut-être la résolution d'Orphée, ou, en tout cas, une préparation émotionnelle au dernier mouvement.

J.H. – En sorte que le premier mouvement, pris dans son ensemble, exprimerait l'échec de la tentative de sauvetage qui réussit au deuxième mouvement ?

C.A. – Oui. Au long du deuxième mouvement se produit ce

dialogue entre le soliste et l'orchestre. Progressivement le soliste vient en avant. Je dis toujours aux chefs d'orchestre que le début devrait être joué *furioso.* Et pas trop vite. Ce sont des croches, pas des noires. Les solos ne devraient pas être trop estompés. Naturellement c'est joué *una corda,* avec la pédale douce. Mais il faut qu'ils parlent. Le premier est indiqué *molto cantabile,* et le deuxième *molto espressivo, espressivo* étant une indication plus impérieuse. Peu à peu l'orchestre cède le pas. Ce dernier accord à l'orchestre avant la cadence, alors que l'orchestre s'est tu depuis trois mesures, est quelque chose de surprenant : comme un signe qu'ils ont écouté. Dans la cadence, il est important de ne pas commencer trop tôt le crescendo. Je préfère généralement attaquer le premier trille pas trop rapide. Le deuxième, je le prends au même niveau sonore, mais un peu plus vite. Le troisième plus vite encore. Et *alors* commence le crescendo, qui figure quelque chose comme la montée d'une angoisse. Il faut que l'entrée de la main gauche, *fortissimo,* ait un accent d'absolu désespoir.

J.H. – Je crois bien que vous prenez plus de temps dans cette cadence qu'aucun pianiste que j'aie entendu. Particulièrement après les trilles, quand la main droite s'apaise.

C.A. – Quoiqu'elles soient écrites en petites notes, je joue les doubles croches là à la même vitesse que les doubles croches d'avant la cadence. Et les croches et les noires plus lentes, naturellement. Les toutes dernières notes, qui sont marquées *portato,* doivent absolument être jouées séparées, comme si Orphée était à bout de respiration. Je veux dire, plaider ainsi est un effort surhumain, pour un humain, face aux puissances de l'Hadès. Vous devez donner l'impression d'être complètement épuisé. La transition au finale est terriblement difficile. Il faut attendre, mais pas trop. La première exposition du thème du rondo à l'orchestre doit sembler hésitante. Quand le piano le reprend, il s'est produit un changement d'humeur, complètement. De la tragédie à l'euphorie. C'est une situation complètement nouvelle.

J.H. – Vous parlez toujours de Beethoven en termes de conflit et de dépassement. Même quand on peut le croire d'humeur amène, vous mettez en garde contre toute amabilité ou élégance. Il vous est arrivé d'écrire les notes d'un programme pour la sonate opus 90, affirmant que le deuxième mouvement est trop plein d'embarras pour devenir gai si peu que ce soit, et qu'il s'interrompt brusquement dans le renoncement. Et pourtant les gens y voient le plus souvent un mouvement heureux.

C.A. – C'est une chose que je ne parviens pas à comprendre. La mélodie est lyrique, mais pas gaie. La sonate dans son ensemble a quelque chose en commun avec l'opus 111. Le premier mouvement évoque le conflit humain. Et le deuxième mouvement n'est pas sans évoquer la tristesse des adieux.

J.H. – Je vous ai entendu affirmer que vous ne pensez pas qu'il y ait aucun humour chez Beethoven. Que dites-vous des interjections dans le scherzo de la *Hammerklavier,* la gamme *prestissimo,* le trémolo ? La plupart y verraient des manifestations de l'humour beethovénien.

C.A. – Je n'appellerais pas cela humour, mais agressivité. Dans le livre d'Edwin Fischer sur les sonates de Beethoven, j'ai lu, à ma stupéfaction, qu'il voyait dans le finale de l'opus 10 n° 3 une manifestation d'humour. En fait, je dirais plutôt que j'y trouve quelque chose qui me fait penser au dernier mouvement de la sonate en *si* bémol majeur de Schubert : l'anxiété de la question, la question, la question

et encore la question.

C'est tellement clair. Le thème procède de ce continuel balancement dans le mouvement lent :

Voyez-vous, à mon sens, l'humour n'a aucune place en musique. L'humour a trait aux pensées et aux mots. Ce n'est que dans un sens très artificiel qu'on peut parler d'humour en musique.

J.H. – Vous arrive-t-il de trouver de la musique drôle ?

C.A. – Non.

J.H. – Il y a quand même bien quelque chose en musique

que vous devez trouver drôle. La *Plaisanterie musicale,* de Mozart ?

C.A. – Mais c'est un humour surimpressionné. Extramusical.

J.H. – Pour le bicentenaire de Beethoven à Bonn, vous avez écrit ceci : « A mes yeux, Beethoven a témoigné sans cesse pour la victoire de l'esprit. Son message de renouveau et de renaissance spirituelle, couronnant un combat infini, nous parle aujourd'hui, et notamment aux jeunes générations, avec une vigueur et une pertinence dont notre époque a besoin. Au sens où sa propre vie ne fut qu'une lutte existentielle pour survivre, Beethoven est notre contemporain. Au sens où il s'est rendu le maître et de sa vie et de son art pour atteindre aux plus hauts degrés de la création et de la transfiguration, il durera autant que durera sur terre la grandeur de l'esprit humain. » Je me demandais, en face d'un tel texte, quel regard vous avez sur l'homme Beethoven. Tellement de traits que vous remarquez en Beethoven, le combat, la solitude, l'exaltation spirituelle, sont des traits que vous reconnaissez en vous-même. Vous retrouvez-vous en Beethoven ?

C.A. *(hésitant, puis se mettant à rire)* – Peut-être que je ne devrais pas dire une chose pareille — mais je n'aime pas Beethoven comme homme. Je n'aime pas la façon dont il a traité son neveu. Je n'aime pas cet apitoiement sur soi, dans le testament d'Heiligenstadt.

J.H. – En outre, il se négligeait. Cela vous choque ?

C.A. – Cela aussi.

J.H. – Vous connaissez l'histoire de Beethoven et de Goethe rencontrant l'archiduc — Goethe qui s'écarte, tire son chapeau et s'incline, et Beethoven qui ne bronche pas.

C.A. – Là, je suis avec Beethoven. L'attitude de Goethe pourrait être interprétée comme adulte, celle de Beethoven comme puérile. Mais je ne crois pas. Je préfère l'attitude de Beethoven.

J.H. – Vous aimez Goethe comme homme ?

C.A. *(riant)* – Guère non plus. Pourtant j'adore le moindre mot qu'il a écrit. Mais comme personne, il était d'une vanité insupportable. En outre (mais je ne devrais pas le dire, les Allemands vont être furieux), il était un petit peu province.

J.H. – Vous connaissez la description que fait de lui Thomas Mann dans *Charlotte à Weimar* ?

C.A. – Oui, et je ne l'aime pas non plus.

J.H. – Je crois que Mann l'aime assez. Je pense que Mann excuse l'attitude de Goethe pour fait de génie. En feriez-vous autant pour Beethoven ? Ou le tenez-vous responsable de ses mauvaises actions ?

C.A. – Responsable. Sa conduite avec son neveu est injustifiable.

J.H. – En sorte que vous admirez Liszt comme homme au-dessus de Beethoven.

C.A. – Oh oui. Beaucoup plus !

J.H. – Quelle est votre réaction vis-à-vis d'autres musiciens en tant qu'hommes ? Chopin par exemple, et Schumann, et Brahms ?

C.A. – Chopin se comportait vis-à-vis des gens d'une façon qui ne colle pas avec l'image que suggère sa musique. Son attitude à l'égard de Liszt, par exemple, sachant que Liszt vénérait sa musique et voulait être son ami. Il était névrotiquement fermé à l'endroit de Liszt... Mais ce que je dis n'est pas juste. Mon jugement de la personnalité des musiciens est trop influencé par l'admiration que j'ai eue très tôt pour Liszt.

J.H. – Vous aimez ceux qui ont aimé Liszt, et les autres, non ?

C.A. – C'est cela. J'ai toujours eu quelque chose contre Clara Schumann, par exemple, pour cette raison.

J.H. – Et Robert Schumann ?

C.A. – Pour lui j'ai une admiration immense. Brahms aussi était un homme qu'on peut aimer. La seule chose que je pourrais lui reprocher c'est de s'être endormi pendant que Liszt lui jouait la sonate en *si* mineur. Peut-être qu'il était fatigué ou quelque chose de ce genre. Peut-être aussi qu'on ne peut pas demander aux grandes personnalités créatrices de s'admirer les unes les autres.

J.H. – Il m'arrive de me dire qu'il en va de même des interprètes. Je suis frappé de la vigueur tranchée de vos opinions s'agissant de musique, alors que votre jugement est si ouvert face à tout le reste. Quand vous parlez du concerto de Brahms en *ré* mineur, vous dévenez complètement monolithique. Vous pensez qu'il y a un tempo possible et un seul. Ce qui me fait penser que c'est une partie de votre armement, en tant qu'interprète, de pouvoir vous dire que vous jouez la chose de la seule manière possible.

C.A. – Ou peut-être une de deux.

J.H. – Mais ce n'est pas ce que vous avez dit.

C.A. – Je sais bien. Mais de la sorte c'est moins difficile à avaler.

J.H. – Dans le feu du moment, vous dites que votre vue de

la chose est la seule possible. Vous devenez absolument dogmatique.

C.A. – Seigneur mon Dieu ! C'est bien là la dernière chose que je voudrais !

J.H. – Vous ne pensez pas qu'il est important de se dire qu'on fait les choses de la seule façon possible ?

C.A. – Mais quand vous regardez la musique, quand vous regardez les notes ! Ce sont six noires. Vous ne pouvez pas les jouer comme si c'était six doubles croches.

J.H. – Vous ne faites que confirmer ce que je disais. Et c'est cela même que vous laissiez entendre à propos des personnalités créatrices, qu'on ne peut pas s'attendre qu'elles...

C.A. – J'ai dit probablement. Probablement c'est très difficile. Et je ne pensais qu'aux compositeurs.

J.H. – Et c'est moi qui ai glissé aux interprètes. Mais ne faut-il pas que l'interprète s'arme de la certitude que son interprétation est l'interprétation juste ?

C.A. – Il y aura toujours plus d'une possibilité. Mais il y a aussi des choses qui ne relèvent pas de l'interprétation. Si Beethoven écrit *piano* et que vous jouiez *forte,* vous avez tort. Tout simplement, tort.

EN ÉCOUTANT BRAHMS

À en juger par les critiques et par ses propres disques, le jeu d'Arrau s'est sensiblement modifié depuis sa période berlinoise. Les interprétations plus tardives sont plus remarquables pour leur profondeur et leur intensité. Il y a plus de brio dans les premières.

Arrau n'a pas un sentiment très précis de cette évolution. Il se refuse à analyser le passé. Il n'écoute pas ses disques d'autrefois. En fait, il n'écoute ses disques qu'une fois, comme pressages d'essai, neufs. Tout ce qui précède, insiste-t-il, « n'est plus moi ». Il trouve une telle rétrospection intime perturbatrice. Dans l'acte même de jouer, toute distance à la musique est abolie. Mais à écouter la même exécution lui-même, depuis sa chaise, il se sent à découvert, gêné.

Du moment même où j'entreprenais ce livre, j'avais l'idée de confronter Arrau à ce premier état de lui-même tel que le disque l'a conservé. Le seul moyen de l'y amener, m'avoua-t-il, serait de le prendre par surprise. Par chance Peter Warwick, un discophile du New Jersey, fournit l'appât idéal : une bande regroupant quatre interprétations par Arrau du concerto en *ré* mineur de Brahms, avec Basil Cameron et le Philharmonia, en studio, en 1947 ; avec Krips et le New York Philharmonic, un concert pris à la radio le 16 février 1964; avec Rafael Frühbeck de Burgos et le

Symphonique de Montréal, concert radiodiffusé le 10 ou le 11 février 1976; enfin avec Michael Palmer et le Symphonique d'Atlanta le 4 ou le 5 février 1977.

Les versions Cameron et Frühbeck étaient face à face sur deux pistes du même côté de la bande, ce qui rendait facile la comparaison immédiate. Krips et Palmer, de même, de l'autre côté; à eux seuls les minutages en disent long : Cameron, quarante-sept minutes; Krips, quarante-sept; Frühbeck, cinquante; Palmer, cinquante-deux.

Arrau joue le *ré* mineur de Brahms depuis plus d'un demi-siècle. Mais il n'a jamais entendu de bandes de ses concerts, et n'a jamais réécouté la version de studio avec Cameron. Quand je lui ai parlé de la bande de Peter Warwick, il a demandé à l'emprunter, promettant de l'écouter. Des mois plus tard il ne l'avait pas sortie de sa boîte. Arrau avoua que plus d'une fois il avait pensé la jouer, puis avait changé d'idée.

Jusqu'au jour où, vers la fin de nos séances, il annonça qu'il avait joué la bande — ou plutôt essayé. Il avait réussi à tenir en place pendant tout le premier mouvement de la version 1947. Et ce qu'il en pensait ? « Une horreur ! Je me demandais : " Qui peut être ce pianiste ? " La vérité est que j'ai trouvé tout trop vite. » Un silence, une grimace, un coup d'œil sur la pièce. Puis, plus bas, il reprit : « Je déteste ça. Beaucoup trop vite. »

J.H. – Mais vous êtes-vous reconnu vous-même ?

C.A. – Pas le moins du monde.

J.H. – Dans aucun des détails ?

C.A. – Bon, dans quelques détails. Dans les deux solos. Peut-être est-ce Cameron qui pressait. Quand j'entends ça aujourd'hui, si vite et poussant droit devant soi, je n'arrive pas à comprendre. Ça n'a plus aucun sens.

J.H. – Vous étiez donc réellement choqué ?

C.A. – Choqué. Vraiment. Je veux dire, là où on attend un peu de souplesse, c'est métronomique.

J.H. – Et le deuxième mouvement, que diriez-vous de l'entendre ? Vous préférez pas ?

C.A. – Ma foi... Nous pourrions en entendre un tout petit bout.

Je mis en marche la machine, repérant le tutti qui ouvre le deuxième mouvement. Arrau écouta deux ou trois mesures et déclara : « Trop vite. On presse déjà. » Il se tortilla dans son fauteuil, puis se remit en avant, le menton dans la main, l'air contrarié et marmonnant : « Oh ! Mauvais... » Au bout de dix mesures il me demanda d'avancer jusqu'à la cadence du deuxième mouvement. Là, l'expression d'Arrau se fit sévère et chagrinée, les yeux plissés. La cadence finie, il remarqua : « Les trilles sont trop forts trop tôt. Mais c'est acceptable. Ce que nous avons entendu de ce deuxième mouvement est acceptable. » Alors il demanda d'entendre quelque chose du troisième mouvement. Au moment même où la musique commence, il rejeta son regard vers le plafond, criant : « Beaucoup trop vite ! » Le tempo se calma soudain au moment où le piano reprend le deuxième sujet (mesure 66). Testant ce nouveau tempo, Arrau ferma les yeux, prenant des respirations brèves et profondes. À la mesure 70, le tempo initial revenait. Exaspéré, ouvrant les yeux, il s'exclama : « *Ach !* » — et demanda qu'on arrête cet engin.

J.H. – J'aurais pu prédire ce qui est arrivé. Je veux dire, tout ce temps où je vous pressais d'écouter cette bande, ce n'était pas une suggestion innocente.

C.A. *(riant)* – Non ?

J.H. – Non. Parce que je savais comment vous réagiriez.

C.A. *(soupirant)* – Cela explique peut-être pourquoi les gens ont cru un temps que je jouais trop vite. Quelle était l'année ?

J.H. – 1947.

C.A. – À l'époque, non. Je pense à une époque très antérieure, mes vingt ans. On disait toujours que je jouais trop vite alors.

J.H. – Peut-être étiez-vous encore plus rapide en ce temps-là. Parce que ces mouvements ne sont pas exagérément pressés, si on pense aux normes habituelles pour ce concerto. Ils le sont par rapport à aujourd'hui. Je dois dire que pour ma part je préfère vos enregistrements récents aux plus anciens. Je préfère même ceux des années soixante-dix à ceux des années soixante.

C.A. – Je ferais peut-être mieux de ne pas les écouter. Peut-être que mon instinct ne me trompe pas.

J.H. – Laissez-moi vous passer des bouts des trois autres versions. Je crois que vous les aimerez beaucoup.

Sautant sur tout le début, nous atterrîmes sur la piste Frühbeck/Montréal à la mesure 55 du troisième mouvement — la transition au deuxième sujet. Le visage d'Arrau s'éclaircit. Pour tester le deuxième sujet à la mesure 66, ses yeux se fermèrent à nouveau et, les narines dilatées, il commença à respirer à coups brusques, brefs. Comme le thème poursuit son ascension, il rouvrit les yeux et lentement exhala un « Ohhhhhhh ». Il écouta le reste du mouvement avec un plaisir visible, puis demanda à entendre des extraits des deux versions au revers de la bande.

Prises comme un tout, les trois versions qui suivent celle de Cameron sont remarquables pour leur façon de combiner une tension extrême avec une splendeur de vision, en sorte que ce combat victorieux prend son temps et assume une noblesse plus saisissante, soit dit en passant, que dans les versions sur disque avec Giulini et Haitink. L'exécution avec Krips est la plus vive : orchestre et soliste s'invitent l'un l'autre à des explosions orageuses. Venues dix ans plus tard, les versions Frühbech et Palmer sont plus larges, plus habitées. Main dans la main avec Palmer, notamment, Arrau ose une lecture extrêmement libérée, si investie de passion en même temps que l'agogique en est irrépressible. C'est aussi avec Palmer qu'Arrau peut mieux moduler son anxiété de quelques bouffées de sérénité, un exemple frappant en étant la cadence du deuxième mouvement, où le long double trille, au lieu de culminer, s'apaise de façon inattendue avant même de finir.

Comparant entre elles les versions de Montréal et d'Atlanta, Arrau manifesta de la satisfaction devant des détails de l'une et de l'autre. Il trouva particulièrement remarquable la lecture bouleversante par Palmer du deuxième sujet espressivo dans le premier mouvement (mesure 26), qu'il estime banalisé si on le prend trop vite. Son propre traitement du même thème à partir de la mesure 123 donne le même exemple d'une maturation non concertée que j'ai déjà fait remarquer à propos de son interprétation des préludes de Chopin : quoique la main gauche tienne une place prééminente dans les quatre versions, c'est dans celles de 1976 et 1977 qu'elle assume une exceptionnelle éloquence.

Arrivé au début du finale (version de New York avec Krips), Arrau fit signe qu'il en avait entendu assez. Ensuite il se mit à rire et dit que Krips, musicien qui inspirait ses partenaires, était pourtant imprévisible, et décidait parfois en faveur de tempos rapides.

J.H. – La raison d'être de cet exercice, évidemment, était de permettre de discuter de la façon dont votre jeu a évolué. Il y a quatre mois, dans le Vermont, vous disiez n'être pas d'accord avec les gens qui prétendent qu'il est devenu plus « serein ». Et je vous ai demandé si c'est consciemment que vous aviez adopté des tempos plus lents que par le passé. Et vous avez répondu qu'il vous semblait bien avoir ralenti le deuxième mouvement du concerto en *ré* mineur. Mainte nant que vous avez écouté ces bandes, vous constatez que votre tempo a sensiblement changé dans les trois mouvements.

C.A. – Je m'attendais à des différences, évidemment.

J.H. – Si notre échantillonnage est correct, alors on peut dire qu'il s'est produit une formidable croissance. Au point presque où il serait désormais impossible de vous reconnaître dans la version Cameron. Ou bien estimez-vous que cette version est simplement un accident ?

C.A. – Mais elle est excitante pourtant, non ? De façon superficielle. Mais les valeurs spirituelles du concerto n'y sont pour ainsi dire pas engagées. C'est peut-être ma faute. J'ai commencé à jouer les deux concertos de Brahms relativement tard. Enfant, je n'y ai pas touché. Krause était contre. Je n'ai dû les aborder que passé vingt ans.

J.H. – Mais vous aviez quarante-quatre ans lors de l'enregistrement avec Cameron.

C.A. – Peut-être suis-je un homme à développement tardif ? Il m'arrive de me penser moi-même de cette façon.

J.H. – Cela vous perturbe d'entendre la version Cameron ?

C.A. – Chaque fois que j'entends un disque dc moi je me sens... non pas confus, mais...

J.H. – Gêné ?

C.A. – Non. Il y a des choses que j'aime bien.

J.H. – Vous préférez ne rien dire de ces disques ?

C.A. – Il me semble.

DÉCEMBRE 1980

Dans son portrait d'Arrau pour Record Times, le critique William Mann écrivait en 1959 :

> Arrau est un questionneur, un éternel étudiant en musique. Il l'interroge dans les maisons d'opéra, passant des heures à analyser et discuter l'art d'une Callas ; dans les bibliothèques, au concert, et même en écoutant des disques. Venant passer l'après-midi chez des amis communs, l'été dernier, je trouvai Arrau plongé dans l'écoute d'un enregistrement des *Zeitmasse* de Stockhausen, partition en mains, examinant les secrets de ce monde sonore nouveau jusqu'à ce qu'il en ait compris la construction et les intentions. Son enthousiasme pour toutes les autres formes d'art, notamment la peinture, est sans limites. Quand il séjourne à Londres, tant de choses le sollicitent, choses à voir, à entendre, à lire, que je me demande parfois où il trouve le temps de dormir.

À l'approche de ses quatre-vingt ans, Arrau continue à dévorer les livres. En voyage, il ne s'ennuie jamais, même dans les aéroports. Mais il visite moins, et voit moins les gens qu'autrefois. Vers l'intérieur, son perpétuel approfondissement s'est concentré sur son art. Extérieurement, il s'est restreint : son groupe de relations s'est rétréci, son besoin de compagnie a diminué.

Comme il maintient un programme de travail impressionnant, sa musique le préoccupe plus exclusivement, en proportion. Inutile de souligner l'assiduité de sa préparation. Le jour même du concert, et la veille, il joue la totalité de son programme du soir, même s'il a donné la même œuvre cinquante fois les cinquante semaines qui précèdent. En 1981, Arrau a joué deux concerts de Beethoven, le Quatrième et le Cinquième, à chacune de ses trois soirées consécutives avec Gerard Schwarz et l'orchestre de chambre Y de New York. Les concerts avaient lieu vendredi et samedi en soirée, dimanche en matinée. Chez lui, à Douglaston, Arrau joua les deux concertos le vendredi après-midi, le samedi après-midi et le dimanche matin — soit un total de douze concertos en moins de trois jours. En tournée, Arrau travaille généralement dans sa chambre d'hôtel, de préférence sur un petit piano droit. Si le piano est plus grand il l'assourdit. Il préférerait presque paraître en tenue négligée dans le hall de l'hôtel que d'être entendu travaillant.

À la différence du reste du livre, la conversation qui suit n'a trait ni à des événements de la vie d'Arrau, ni à un aspect de son art. J'ai profité de ces réflexions sur les servitudes et les joies de cette vie itinérante pour aborder autant de sujets annexes qu'il était possible sans perdre le fil. Deux thèmes doivent être mentionnés, quoiqu'ils soient restés hors de l'entretien, la religion et la politique.

Arrau a eu une éducation catholique, mais s'en est détaché sur ses quinze ans. « Je ne me suis confessé qu'une fois, et j'ai trouvé que c'était simplement absurde », m'a-t-il confié un jour. « Et j'ai communié une fois. L'idée de manger la personne du Christ m'a simplement révolté. J'y ai vu du cannibalisme. Et il m'a paru que bien des dogmes ne servent qu'au renforcement du pouvoir de l'Église. Je ne me suis pas opposé au catholicisme. Simplement il a cessé d'être réel. » Il a tenté d'y revenir sous l'influence de Jacques Maritain, vers ses vingt ans : il l'avait rencontré à Paris et l'admirait. « J'ai commencé à me lever à cinq heures tous les matins pour assister à la messe de six heures, et je me jetais dans des extases religieuses. Cela a duré à peu près six mois. » Aujourd'hui, il n'est pas « religieux au sens de pratiquant. Il me semble que j'éprouve des sensations mystiques. Mais je n'ai aucune image de Dieu comme une personne ».

En politique, Arrau se définit comme un humanitaire libéral. Dans ce domaine, son image publique est peu définie, mais pas indistincte. Il a été en 1977 le soliste d'un gala au profit d'Amnesty International donné à Munich. Il ne s'est pas produit en Amérique du Sud depuis des années. Il n'était pas retourné au Chili depuis dix-sept ans lorsqu'en mai 1984 il s'y est rendu pour quatre concerts télévisés sur tout le pays qui lui ont valu une des plus grandes ovations de sa carrière. « J'avais le sentiment que j'avais à revenir avant qu'il ne soit trop tard, pour donner ce que j'ai à donner à toute une génération de jeunes qui ne m'ont jamais entendu jouer en personne, remarque-t-il. Et mes raisons personnelles pour revenir étaient plus fortes que mes raisons politiques de m'abstenir. »

Il se voit lui-même comme un citoyen du monde. Sa haine du nationalisme trouve son origine dans les années hitlériennes, mais aussi déjà dans la période d'entre-deux-guerres où il a pu, en tant qu'outsider, assister avec surprise et tristesse aux manifestations concurrentes des patriotismes. Il a conservé sa nationalité chilienne, par gratitude pour le gouvernement qui a pourvu à son éducation, jusqu'en 1979 lorsque, par honte du régime de Pinochet, il est devenu citoyen américain. Son admiration pour les États-Unis, leur vitalité, leur modernité, leur diversité, est sans limites. Il voit en eux la nation la plus internationale de l'univers.

J.H. – J'ai pensé qu'aujourd'hui nous pourrions commencer par parler un peu de ce que vous faites quand vous n'êtes pas en train de répéter ou de jouer — cette autre part de votre vie, qui n'est pas prise par la musique.

C.A. – Eh bien, je lis énormément — il me semble qu'il faudrait lire trois heures chaque jour. Je vais au théâtre. En été je jardine.

J.H. – Laissez-vous parfois un livre sans l'avoir fini ?

C.A. – Je m'oblige habituellement à finir. En fait, je les finis toujours. Il me semble que je le dois à l'auteur.

J.H. – Vous avez lu *Les Aventures de M. Pickwick* parce que vous alliez enregistrer les préludes de Debussy, et vous avez pensé y trouver quelque chose qui éclaire l'*Hommage à S. Pickwick.* Autrement dit, quelque chose comme mille pages, pour un morceau de cinq minutes ?

C.A. – Un peu moins, je pense. Peut-être trois.

J.H. – Vous allez souvent au cinéma. Vous avez des metteurs en scène préférés ? Des acteurs ?

C.A. – J'adorais Garbo. Et Bette Davis — je ne ratais jamais un de ses films Et Ida Lupino. Et Dorothy MacGuire.

J.H. – Et les films d'Ingmar Bergman ? C'est quelqu'un que vous devriez aimer.

C.A. – Oui. Vous avez vu son film avec Ingrid Bergman, *Sonate d'automne* ?

J.H. – Le film sur la pianiste qui va chez sa fille, qui lui rappelle comment elle l'a ignorée et déçue. Elle donnait des leçons de piano à sa fille, et ne lui passait rien.

C.A. – Cela m'a fait me sentir un peu coupable, j'aurais pu finir de la même façon. Je me suis rappelé combien il est dangereux pour un artiste d'être ainsi centré sur soi.

J.H. – Oh, en un sens c'est inévitable, s'il faut aller jouer.

C.A. – C'est inévitable au début. C'est une chose qu'on a à combattre toute sa vie durant. Et elle devient de plus en plus facile à combattre. Oh, j'ai une sorte de phobie des interprètes égocentriques.

J.H. – Estimez-vous que vous avez imposé à vos enfants quelque chose que vous attendiez d'eux — qu'ils continuent la musique, qu'ils apprennent un instrument, et ainsi de suite ?

C.A. – Pas du tout. J'accepte d'autres possibilités d'avenir pour les humains.

J.H. – Et s'il était arrivé que l'un d'eux veuille être pianiste, qu'auriez-vous fait ?

C.A. – J'aurais essayé de l'aider, mais je l'aurais fait travailler avec quelqu'un d'autre que moi. Qu'il soit aussi dégagé que possible de mon influence.

J.H. – Un de vos enfants a travaillé un instrument ?

C.A. – Notre fille, la clarinette. Et elle était semble-t-il musicienne. Mais travailler l'ennuyait. Elle ne s'y est jamais mise sérieusement.

J.H. – Vous en avez été secrètement déçu ?

C.A. – Oh non. J'en ai été soulagé, sachant combien les carrières sont difficiles en musique.

J.H. – Un film que vous m'avez dit avoir particulièrement aimé est *La Fièvre du samedi soir.*

C.A. – Oui, je l'ai aimé parce que j'aime John Travolta comme danseur. Je ne sais si la chorégraphie aussi est de lui En tout cas, elle est pleine d'imagination et de verve.

J.H. – Il y en a qui seront étonnés de trouver en vous un fan de Travolta ! Et la musique, vous l'avez aimée ?

C.A. – Oui. Assez.

J.H. – Vous avez vu d'autres films de Travolta ?

C.A. – *Grease.* J'ai trouvé qu'il n'y dansait pas assez.

J.H. – J'ai là un article du *New Yorker,* une interview de vous, du 15 novembre 1941, qui dit : « Le seul moment de notre entretien où il ait paru réellement excité fut à propos de danse — ce qu'il avait vu au *Savoy* de Harlem. Dans les villes des tropiques j'ai vu des danses barbares, des cérémonies vaudou, des rites africains primitifs. Mais rien n'était aussi terrifiant que la danse à Harlem, nous a-t-il dit d'un air grave. »

C.A. – Vous vous rendez compte ? J'avais complètement oublié que j'étais un habitué de cet incroyable dancing. Complètement !

J.H. – Vous dansiez vous-même à l'époque.

C.A. – Oui. Je dansais bien.

J.H. – Le tango ?

C.A. – Même le tango. Et la machiche. C'était une danse brésilienne à la mode. Avec ma femme, qui dansait merveilleusement.

J.H. – Rien à voir avec la danse mais nous n'avons pas dit un mot de votre enseignement. Vous enseignez encore ?

C.A. – Pour l'instant, très peu. Non que je n'aime pas enseigner, bien au contraire. Mais j'ai eu quelques élèves qui m'ont déçu. La façon de jouer que je voudrais enseigner a quelque chose à voir avec la conduite de la vie même. Je pensais y avoir réussi avec eux. Et puis je les ai perdus de vue quelques années. Et quand je les ai retrouvés, je me suis aperçu qu'il n'en restait rien. J'écoute toujours les jeunes qui veulent que je les entende, j'estime que c'est un devoir. Et c'est intéressant, d'ailleurs. Mais du moment où je remarque cette terrible vanité, je cesse de m'intéresser à eux.

J.H. – Il y a eu un moment où enseigner vous absorbait beaucoup.

C.A. – Naturellement. En Allemagne, j'ai enseigné au conservatoire Stern des années.

J.H. – Vous avez eu des élèves importants ?

C.A. – Un de mes élèves a été pendu par les nazis. Karlrobert Kreiten, un grand virtuose extraverti qui commençait une grande carrière. Il n'était pas juif. Mais à la fin de la guerre, à une soirée, il a dit : « Je me demande pourquoi les gens s'occupent encore de la guerre, puisqu'elle est perdue. » Les nazis l'ont arrêté au milieu d'un concert le soir suivant. Un autre de mes élèves tués était Paul Kiss, un bon musicien avec qui j'ai donné un jour un concert de Schubert à quatre mains. Je n'ai jamais enseigné dans aucune autre institution. Pendant un moment j'ai mis au point tout un système avec Rafael de Silva comme assistant. Les élèves travaillaient avec lui et je mettais plus ou moins les touches finales.

J.H. – Quels ont été les plus remarquables produits Arrau depuis la guerre ?

C.A. – Il y a Edith Fischer, qui fait une bonne carrière en Europe. David Lively, qui a remporté toute sorte de prix dans des concours européens. Philip Lorenz et Ena Bronstein, qui font un duo à deux pianos. Et William Melton, un de mes élèves préférés, en qui je place de grands espoirs. J'enseignerai probablement davantage ces prochaines années. Encore que Friede [Rothe] me dise que je ferais mieux de réserver mon énergie pour mes concerts !

J.H. – Combien de fois par an jouez-vous ? À quoi ressemble votre programme d'une saison ?

C.A. – Eh bien, Friede doit savoir. Je reste sous l'illusion que je joue toujours une centaine de soirs par an. Mais je ne pense pas que ce soit toujours vrai. Peut-être entre quatre-vingts et cent. Je ne veux pas diminuer. Et ce n'est pas moi qui diminue. C'est Friede.

J.H. – Pourquoi vous ne voulez pas ?

C.A. – Parce que ce serait céder devant l'âge. Et sans raison. Si je me sentais affaibli, ce serait une raison. Mais tout au contraire, jouer me fortifie. Mais ils sont tous là à prétendre me protéger.

J.H. – Combien de concerts donniez-vous quand votre programme était le plus chargé ?

C.A. – J'allais, je pense, jusqu'à cent quarante. C'était il y a vingt ans peut-être. C'est un temps où les cachets n'étaient pas aussi élevés que maintenant. Plus les cachets montent, moins on a de concerts.

J.H. – Mais vous ne voudriez pas jouer cent quarante concerts, quand même ?

C.A. – Oh, j'aimerais.

J.H. – C'est une jouvence.

C.A. – Absolument. Ce concert à Chicago l'autre jour était si satisfaisant. Et l'atmosphère dans la salle était magnifique.

J.H. – Quand je vous ai parlé il y a quelques années d'un allègement de votre programme, vous m'avez dit : « Je n'imagine pas de diminuer le nombre de mes concerts. Je souffrirais mille morts. Je pourrais avoir trop peur pour remonter jamais sur une estrade. »

C.A. – C'est vrai. En ce moment par exemple, après deux mois et demi dans le Vermont, mes premiers concerts ont été difficiles. J'ai eu à me reprendre en main psychologiquement. Au prix de pas mal d'anxiété.

J.H. – Vous trouvez que c'est une trop longue pause ?

C.A. – Oui, je le crois. D'un autre côté, j'avais besoin de me reposer.

J.H. – Deux mois et demi, c'est le temps le plus long que vous ayez passé sans jouer en public ?

C.A. – Je dirais le plus long depuis trente ans. Certains décident, à un âge déjà avancé, de s'arrêter toute une année. Si je le faisais, je crois que je ne serais plus capable de rejouer jamais. De toute façon, il est essentiel de jouer pour un public. L'anxiété fonctionne comme un moteur, un entraînement créateur.

J.H. – Maintenant que vous êtes revenu à l'estrade, y a-t-il des concerts que vous attendez avec impatience ?

C.A. – Je ne sais pas vraiment ce qui m'attend. Je n'aime pas avoir à me soucier de ce que j'aurai à faire. Il arrive que je ne sache pas où je vais être le mois suivant.

J.H. – Je vous posais la question pour vous faire parler de musiciens d'aujourd'hui que vous admireriez particulièrement.

C.A. – Qui j'admire ? Qui j'aime ? Voyons. J'aime Kempff. Kempff toujours. J'aime Daniel Barenboim, je l'aime vraiment beaucoup. Ensuite, j'ai honte de le dire, je ne vois personne, au premier coup d'œil. C'est affreux. Je suis confus.

J.H. – Et les chefs d'orchestre ?

C.A. – Eh bien, il y a une bonne équipe de jeunes, n'est-ce pas ? Gerard Schwarz. John Nelson. Riccardo Chailly. Gary Bertini.

J.H. – Je sais que vous aimez travailler avec Colin Davis.

C.A. – Colin Davis — je l'aime beaucoup. Kurt Masur est merveilleux. Eugen Jochum, le *sol* majeur de Beethoven : jamais je n'oublierai cette soirée, avec le Concertgebouw.

J.H. – Vous pensez qu'on rencontre plus de talent chez les jeunes chefs que chez les jeunes pianistes ?

C.A. – Non. Il y a un talent stupéfiant chez les jeunes pianistes. Ce n'est pas le talent qui manque. Ce sont les conditions du possible développement qui sont en question. La compétition est si terrible. On les jette devant le public tellement tôt. Et de leur point de vue, il faut qu'ils acceptent ce qu'on leur donne. C'est une situation très dangereuse.

J.H. – Pourtant votre liste de chefs d'orchestre est plus longue que celle des jeunes pianistes.

C.A. – C'est parce que je suis plus profondément concerné par le développement d'un jeune pianiste. Peut-être que j'attends trop de lui.

J.H. – En quoi les conditions de maturation d'un jeune talent sont différentes de celles qu'offrait, disons, l'Allemagne vers 1920 ?

C.A. – La quantité de talents offerte au public est tellement plus grande. Peut-être y en avait-il moins alors, ou bien moins de jeunes gens cherchaient à devenir pianistes.

J.H. – Les structures mêmes de la vie musicale sont

différentes aujourd'hui. Comment les jugeriez-vous, par comparaison avec l'Allemagne vers 1920 ?

C.A. – La qualité des exécutions a atteint généralement un niveau plus élevé. Il existe davantage d'orchestres de première qualité. Il n'y en avait que trois ou quatre au monde. La qualité des programmes est aussi devenue bien meilleure. Il y a vingt ou trente ans, un récital Schubert au piano était impensable. Même à Berlin. Il a fallu du temps pour accepter le Schubert des sonates. Le public de lieder était aussi restreint. Aujourd'hui, avec Fischer-Dieskau et Prey, la qualité des programmes est très élevée. Et Fischer-Dieskau fait salle comble à Carnegie Hall ! C'est stupéfiant. C'était impossible autrefois. Et la musique de chambre ! Les concerts de musique de chambre étaient très rares. Et on n'en donnait que dans de petites salles. En fait, dans le Berlin des années vingt, même Schnabel et Busoni jouaient à la Beethovensaal, qui avait mille deux cents places. Et il était très difficile de remplir les deux mille places de la Philharmonie.

J.H. – Un sceptique dirait peut-être que ces changements ne sont pas des progrès, que la prolifération musicale a ses inconvénients. Et vous ne pouvez méconnaître le fait que, vous-même, votre enthousiasme est le plus vif à l'endroit de musiciens qui ne sont pas précisément de notre temps. À peu d'exceptions près, vos héros appartiennent à une autre génération.

C.A. – Il est vrai qu'à l'époque entendre de la musique était davantage un événement. L'accès est si facile aujourd'hui ! Vous pouvez vous jouer un disque en prenant votre bain. C'est une chose qui m'a toujours un peu inquiété — qu'il devienne trop facile de jouir de ce qui est vraiment grand en art. D'un autre côté, il est devenu aujourd'hui possible de vivre avec les chefs-d'œuvre.

J.H. – Si vous pouviez choisir entre le fait de vivre dans le monde de la musique tel qu'il était alors et...

C.A. – Je choisirais aujourd'hui.

J.H. – Malgré votre nostalgie de Berlin, et de Busoni, et de Carreño, et de Furtwängler ?

C.A. – Oui. Je trouve que notre conjoncture historique est merveilleuse.

J.H. – C'est une tentation, tard dans la vie, de regarder en arrière ?

C.A. – Pas vraiment. J'oserais dire, pas encore. J'ai le sentiment qu'il me reste encore beaucoup à faire dans le simple domaine du jeu. J'imagine que la tentation sera plus grande quand je jouerai moins.

J.H. – Quels sont vos objectifs, en ce moment, dans l'ordre du répertoire ?

C.A. – Je voudrais jouer beaucoup plus de Schubert. Et de Debussy aussi. Au moment où je vous parle, je suis très séduit par Debussy. La signification spirituelle de sa musique. Il arrive qu'on ne le joue que pour la sonorité, le climat. Mais il a été un des génies les plus grands. Sa musique est absolument unique. C'est comme la musique d'une autre planète.

J.H. – Vous sentez-vous attiré par Debussy parce qu'il y a longtemps que vous n'avez pas eu l'occasion de le jouer ? Ou bien y voyez-vous un effet de votre âge ?

C.A. – J'ai adoré Debussy toute ma vie. Mais, exactement comme pour Liszt, les circonstances m'ont empêché de le jouer beaucoup. J'avais une réputation grandissante comme interprète de Beethoven, de Brahms et de Schumann. C'est ainsi que j'ai établi mon succès ici pour commencer. Né au Chili, il fallait que j'insiste sur mon éducation allemande.

J.H. – En sorte de ne pas passer pour un pianiste déraciné. Ou un Méditerranéen, peut-être, se spécialisant dans la musique française ou espagnole.

C.A. – Exactement. Cette idée que la musique allemande doit être jouée par les Allemands, la française par les Français... Il ne me restait rien *(il rit)*. Humberto Allende. Bon. Ce n'est pas mal, mais...

J.H. – Vous avez aussi parlé d'enregistrer quelque chose de Busoni et de Schönberg.

C.A. – Je voudrais beaucoup faire un disque de l'opus 11 de Schönberg, que je jouais beaucoup autrefois. Et de Busoni, la toccata et la *Fantasia contrappuntistica*. Mais les gens me disent qu'il y a des choses plus urgentes.

J.H. – Comme les cinq concertos de Beethoven.

C.A. – Pour la troisième fois. Je ne trouve pas que ce soit si indispensable.

J.H. – Friede semble penser qu'on ne vous connaît pas assez. Je crois qu'elle voudrait vous voir en couverture du *Time*. C'est la raison pour laquelle elle veut que vous enregistriez les concertos de Beethoven en digital.

C.A. – De son point de vue, du point de vue de la carrière, elle a probablement raison.

J.H. – Et vous, qu'est-ce que cela vous dirait d'être en couverture de *Time* ?

C.A. *(frétillant)* – Oh, j'adorerais ! Mais je ne crois pas que Serkin ait été en couverture. Je ne pense même pas que Horowitz y ait été. Je me souviens seulement de Rubinstein et Beverly Sills.

J.H. – Et vous êtes jaloux de Rubinstein et de Sills ?

C.A. – Oh oui *(rire général)* !

J.H. – Vous avez parlé de la vie d'artiste comme d'un voyage héroïque, les épreuves d'Ulysse, les travaux d'Hercule... Tandis que la seconde partie de la vie serait de retour sur soi et enrichissement. Vous avez mentionné certains musiciens, comme Klemperer et Stokowski, qui semblaient avoir atteint une plus vraie plénitude tard dans leur vie. Et vous ajoutiez que le but final de tout cet itinéraire, c'était l'abandon de toute vanité, et la fusion avec le Tout. Vous appliqueriez-vous ces concepts à vous-même ?

C.A. – Oh oui. Il me semble que j'élargis mon monde de plus en plus. Comme si ma respiration se faisait plus profonde. Je le ressens dans mon jeu. Cela me frappe à présent dans la sonate *Dante.* Et dans Debussy. Maintenant que j'ai enregistré les préludes de Debussy, je suis très impatient d'enregistrer les études.

J.H. – Pour la plupart des gens elles sont d'accès moins facile que les préludes. J'ai le sentiment que vous insistez sur la dimension non pittoresque chez Debussy, que vous donnez du relief aux morceaux plus abstraits, *Des pas sur la neige,* par exemple.

C.A. – Oui, c'est vrai. Ou, par exemple, *Canope.* C'est presque sans substance. C'est un miracle qu'il ait créé, avec si peu de notes, tant de profondeur.

J.H. – C'est ce que je voulais dire à propos des études. L'air est raréfié. Il y a aussi quelque chose de cela dans la *Dante.* Le Liszt religieux, extatique, exalté. La facture musicale se volatilise. Cela a quelque chose à voir avec la victoire sur la vanité, non ? Parce que l'expression musicale est moins égocentrique quand elle est plus diffuse.

C.A. – L'affirmation de soi s'est évanouie.

J.H. – Disparaît-elle jamais tout à fait ?

C.A. – Mon Dieu, il est pratiquement impossible à un exécutant de se défaire jamais entièrement de cette volonté de prouesse. Et à de certains âges de la vie cette volonté est une force ascendante, indispensable. Même alors, il faudrait lutter contre la vanité de toute son âme. Plus on est âgé, plus la personnalité est harmonisée — alors, je pense que certaines inhibitions dues à la vanité peuvent être combattues avec quelque chance de succès.

J.H. – Si vous aviez vaincu toute vanité, vous n'envieriez pas Rubinstein et Beverly Sills d'avoir fait la converture de *Time.*

C.A. – Oh, mais, *cette* vanité particulière-là, je n'ai jamais été contre !

POST-SCRIPTUM
JUILLET 1981

Mes dernières conversations avec Arrau ont eu lieu en juin et juillet 1981. La première, à Douglaston, le 6 juin. Arrau venait de rentrer d'Europe où il avait donné onze récitals et onze concerts avec orchestre en un peu moins de douze semaines. Il avait annulé les cinq dernières dates de la tournée sur l'ordre de son médecin à Munich.

Arrau paraissait fatigué. Depuis son retour, six jours plus tôt, il n'avait pas touché à son piano ni ouvert un livre. Il était, disait-il, « en grève ». Et il se sentait déprimé et coupable pour avoir annulé cette fraction de sa tournée, malgré l'accueil triomphal. Trois jours plus tard, il ne s'était pas remis à son piano. Il avait recommencé à lire, un peu — et rien qui ait trait à la musique. Il disait qu'il avait décidé de réduire son programme 1981-1982. Quand j'ouvris les préludes de Chopin et suggérai que nous en parlions un peu, il y eut un silence. Puis Arrau leva les yeux de la musique et dit : « Blanc ! » Pour la première fois de sa vie, il se disait saturé de musique.

Quatre semaines plus tard, dans le Vermont, Arrau semblait reposé et détendu. Nous avons pu parler de Chopin. Mais c'est Schumann qui cette fois, pour une raison ou pour une autre, suscita un « blanc ».

J.H. – Vous prenez moins de plaisir à voyager que précédemment. Vous vous sentez davantage attaché à vos chiens. Le mois dernier, à Douglaston, vous m'avez confié que vous vous étiez finalement décidé à réduire votre programme de concerts.

C.A. – Oui, parce que mon docteur à Munich m'a dit que mon cœur était un peu surmené. Il est d'avis que je me laisse un peu vivre. Maintenant, probablement, je me réduirai à soixante-quinze concerts la saison prochaine. Friede voudrait que je m'en tienne à dix. Vous savez, j'ai toujours eu un cœur épatant. Maintenant, pour la première fois, il est un peu surmené.

J.H. – Eh bien, qu'est-ce que vous en dites ? Vous allez vous ménager un peu, rester davantage à la maison ?

C.A. – C'est à double tranchant. L'idée de restreindre est paniquante. Je ne l'aime pas. Si je restreins, je deviens paresseux. Je n'aime pas cela du tout. Cela m'évoque la retraite. Et je n'en ai pas du tout envie.

J.H. – Il y a aussi ce problème pratique que vous m'avez expliqué : la difficulté psychologique de revenir en scène après un trop long arrêt.

C.A. – Oui. Je vais au Brésil en août. Et cela fera deux mois que je n'aurai pas joué en public.

J.H. – Quand je vous ai vu il y a un mois, vous vous disiez saturé de musique au point de ne pas vouloir en entendre, en discuter, — pour ne rien dire de travailler. J'ai l'impression que les choses ont changé.

C.A. – Maintenant je sens un besoin de travailler des œuvres nouvelles. Mais jouer à nouveau l'*Appassionata*, non, pour le moment cela ne m'enthousiasme pas.

J.H. – Je ne savais pas que vous vouliez inclure l'*Appassionata* dans votre programme de la saison prochaine.

C.A. – Eh bien, oui. D'abord, vous savez, je projetais de donner une première partie entièrement consacrée à Brahms, la sonate op. 2 et les *Variations Haendel.* Maintenant je me pose des questions, parce qu'une moitié entière de récital avec Brahms n'attire pas beaucoup le public. Aussi je me dis que je pourrais donner seulement la sonate, avec l'*Appassionata* en fin de première partie.

J.H. – Mais pourquoi choisir l'*Appassionata* si vous en êtes fatigué ? Pourquoi pas une autre sonate de Beethoven ?

C.A. – J'ai besoin d'un tube en milieu de programme, avant l'entracte.

J.H. – Vous ne pourriez pas commencer par Beethoven, et jouer ensuite la sonate de Brahms ?

C.A. – Non, parce qu'elle finit en s'effaçant. C'est une chose à quoi il faut toujours penser. Il faut une culmination avant l'entracte. Et je n'ai pas joué l'*Appassionata* depuis des années. Mais rien n'est encore décidé.

J.H. – Et après la pause ?

C.A. – Je jouerai *L'Isle Joyeuse* de Debussy ; les *Valses nobles et sentimentales* de Ravel ; le nocturne en *mi* bémol de Chopin. Et quelque chose de Liszt, peut-être les *Funérailles,* peut-être les deux légendes, peut-être *Orage.* Je ne sais pas encore.

J.H. – Combien de temps êtes-vous resté éloigné du piano cet été à votre retour d'Europe ?

C.A. – Un mois, je pense.

J.H. – Un plein mois, vous n'avez pas touché votre piano.

C.A. – Peut-être quatre semaines seulement. Un mois.

J.H. – Y a-t-il une partie de vous-même qui se dit que ce serait un soulagement de rester loin du piano ? Est-ce que c'est séduisant par un côté, cette idée de n'avoir plus autant à voyager, à travailler, à répéter ?

C.A. – Oui, pour mon côté paresseux.

J.H. – Mais si vous aviez à jouer moins, quels autres buts poursuivriez-vous ? Vous enseigneriez davantage ?

C.A. – Non. Enseigner, pour l'instant, je n'en ai pas envie. Ce que j'aimerais vraiment, c'est travailler toute une quantité de musique que je n'ai jamais jouée, ou pas depuis très longtemps, avec l'idée de l'enregistrer ou même de la jouer en public. Malgré la fatigue à mon âge. En un sens cela m'effraye. Mais m'attire en même temps.

J.H. – À quelle musique pensez-vous ?

C.A. – Par exemple les trois grandes études de Bartok op. 18. Je les ai jouées il y a des années, mais je les ai complètement oubliées. Les textures pianistiques n'y ressemblent à rien que je connaisse. Elles annoncent Stockhausen, quelque chose de ce genre. Et je voudrais rejouer les variations *Diabelli.* Je suis censé les enregistrer. Mais je voudrais aussi beaucoup les jouer en concert. Et je voudrais aussi jouer du Chabrier. J'adore Chabrier. Les *Pièces pittoresques.* Et je voudrais aussi jouer maintenant les études de Debussy, si j'avais le courage de les travailler, — mais je ne l'ai pas. Je n'ai pas été capable de travailler plus de deux heures par jour.

J.H. – Et les *Valses nobles et sentimentales,* il y a longtemps que vous ne les avez plus jouées ?

C.A. – Des années, oui. Mais ce n'est pas beaucoup de

travail, il y a peu de difficultés techniques et autres complications. C'est une chose qui revient très vite.

J.H. – Et *L'Isle joyeuse ?*

C.A. – *L'Isle joyeuse* est un des morceaux que j'ai le plus joués dans ma vie.

J.H. – C'est une œuvre brillante. Je suis frappé par ce côté de votre programme. Quand nous avons parlé ensemble de la sonate de Brahms, vous l'avez décrite comme un défi au monde, un défi tel, disiez-vous, que vous ne compreniez pas que tout jeune pianiste ne cherche pas à le relever. Brahms l'a écrite à dix-neuf ans. Vous programmez essentiellement de la musique héroïque, exubérante.

C.A. – J'aime *L'Isle joyeuse* parce que c'est une orgie païenne. La fin est incroyable. Je l'ai toujours adorée.

J.H. – Vous ne semblez pas attiré par la musique que les gens associent habituellement à la maturité et au grand âge.

C.A. – Pas du tout.

J.H. – Comme le Brahms de la fin, ou la sonate en *si* bémol de Schubert. La musique qu'on dit automnale. Je pensais que vous envisagiez de jouer la *si* bémol de Schubert.

C.A. – C'est exact. Il faut que je réécoute mon disque. Je n'ai entendu que le premier mouvement. Il faudra que j'essaye d'entendre le reste cette nuit.

J.H. – Comment avez-vous trouvé le premier mouvement ?

C.A. – Eh bien, je ne l'ai pas beaucoup aimé. Mais j'étais dans de très mauvaises dispositions. C'est pourquoi il faut que je réentende le tout maintenant. Mais mon disque de l'*ut* mineur de Schubert, — je l'ai adoré. Je crois que c'est ce que j'ai fait de mieux.

J.H. – La saison prochaine, y a-t-il des tournées ou des concerts auxquels vous pensez avec plaisir ? Vous avez vos quatre concerts à Rio en août. Et puis vous allez au Japon.

C.A. – Oui. Vous savez, j'adorais jouer au Brésil. Le public vibre de façon si incroyable. Ils deviennent fous s'ils aiment quelque chose. Et je suis très content de retourner au Japon. Ce sera la cinquième fois.

J.H. – Vous aurez deux programmes différents à Tokyo ? Vous y avez déjà pensé ?

C.A. – Oui. Les organisateurs et le public ont l'air de vouloir que je finisse les deux fois par la sonate de Liszt. Et je jouerai deux sonates de Beethoven en première partie. Mais je ne suis pas très satisfait. Je voudrais plutôt jouer, cela semble drôle à mon âge, davantage de musique orgiastique.

J.H. – Liszt n'est pas orgiastique ?

C.A. – Oh si, et c'est la raison pour laquelle je reviens à Liszt. Et c'est pourquoi je veux jouer à nouveau *L'Isle joyeuse*. Et aussi Ravel — ces valses incroyablement sensuelles. Jusque dans leurs gradations de nuances !

J.H. – Et la sonate de Brahms ? Elle vous semble orgiastique aussi ?

C.A. – Oh oui. Le premier mouvement. Et aussi le deuxième.

J.H. – Mais Beethoven moins.

C.A. – Moins.

J.H. – Même l'*Appassionata*.

C.A. – L'*Appassionata* est une des sonates de Beethoven qui m'attirent toujours à cause de cela. Je voudrais aussi jouer certaines choses de Schumann, comme les *Davidsbündlertänze.* Je suis très excité à l'idée de m'y remettre. Je vous ai dit que j'ai vu le ballet de Balanchine ? Très beau. Et très bien joué par un jeune pianiste, dont je ne me rappelle pas le nom. Mais l'idée du ballet c'est du romantique bourgeois — rien à voir avec le démonisme de la musique. Je n'ai entendu de toute ma vie qu'une exécution vraiment bonne des *Davidsbündlertänze,* par Gieseking. Un de ses grands soirs.

J.H. – C'était orgiastique ?

C.A. – C'était fantastique. Quand il était dans cette forme-là, plus personne n'existait.

J.H. – Quand est-ce que vous avez joué la dernière fois les *Davidsbündlertänze ?*

C.A. – À New York, dans les années cinquante, je crois.

J.H. – Mais vous les avez enregistrées depuis.

C.A. – Oui. C'est une des rares fois où j'ai été pleinement content. Je crois que c'est un de mes meilleurs disques. Mais il y a tant de choses que je voudrais jouer de nouveau. Busoni !

J.H. – Qu'en est-il de ce projet de coupler en disque l'opus 11 de Schönberg avec la Toccata de Busoni ?

C.A. – C'est toujours possible. Je le ferai probablement. J'ai entendu l'autre jour un étudiant en Allemagne, un étudiant à moi. Il jouait la fantaisie sur *Carmen* de Busoni, très bien. Et je me disais : « Pourquoi je ne joue pas cela ? » J'adore cette pièce, je la jouais beaucoup autrefois. Et je l'ai complètement oubliée. Il y a eu tous ces préjugés — pas chez moi : mais les gens avaient des préjugés contre les transcriptions, le public, les intellectuels surtout. Alors je me suis arrêté de la jouer. Je pourrais la reprendre sans trop de mal. Et l'*Indianisches Tagebuch,* quelle merveille ! Ce sont des projets. Je ne suis pas d'humeur optimiste aujourd'hui. J'ai perdu un mois de ma vie maintenant. Du temps précieux. J'aurais pu travailler, apprendre de la musique, des tas de choses, des choses nouvelles même. Et je n'ai rien fait.

J.H. – Vous ne vous accordez jamais un congé ? Je veux dire, vous ne cessez jamais de tout exiger de vous-même ?

C.A. – Je pense que j'en ai besoin. Vous savez, Martin Krause faisait à ses élèves une loi de s'arrêter complètement un mois chaque année. Au minimum.

J.H. – Vous l'avez fait ?

C.A. – Oh oui. Régulièrement.

J.H. – Mais cela n'a d'effet que si vous en décidez en pleine conscience, de façon à ne pas vous sentir coupable.

C.A. – Je me sens coupable. Maintenant, je me sens coupable. Parce que je sens que le temps, comment dire — court : et je devrais... En fait, quand j'ai vu que j'allais avoir deux mois libres cet été, j'ai éprouvé un impérieux besoin de travailler des choses neuves, de façon créatrice. Mais je ne m'y suis pas encore mis sérieusement.

J.H. – Il est pourtant évident que vous aviez besoin de vous tenir un moment à distance de la musique. Il y a un but à cela.

C.A. – Précisément, précisément.

J.H. – Et l'an dernier ? Vous n'avez pas eu le même temps libre ?

C.A. – L'été dernier, on m'a obligé à annuler l'Australie. On me trouvait surmené.

J.H. – Mais vous êtes resté éloigné du piano aussi longtemps ?

C.A. – Oui. La même chose s'est passée. Ici. Bon... Une autre chose que j'ai envie de jouer, vous allez être étonné, c'est Reger. Les *Variations Bach.* J'en ai toujours eu envie.

J.H. – Et vous l'avez jamais fait ?

C.A. – Non. C'est un trop gros effort de mémoire.

J.H. – Mais pour l'enregistrer, à quel degré devriez-vous la savoir par cœur ? Vous pourriez lire ?

C.A. – Je me demanderais à moi-même de la savoir par cœur même si je ne devais pas la jouer en concert.

J.H. – Il ne vous arrive pas d'enregistrer quelque chose que vous ne savez pas par cœur ?

C.A. – J'ai souvent la musique devant moi. Mais je joue de mémoire.

J.H. – Eh bien, je suis désolé que vous vous sentiez coupable de...

C.A. – C'est à double tranchant. D'abord je me sens coupable parce que je me dis qu'il ne me reste pas réellement de temps. Et ensuite je me dis que je n'ai pas volé de pouvoir prendre la vie de façon plus superficielle. Et de faire des quantités de choses que je n'ai jamais pu faire.

J.H. – Par exemple ?

C.A. *(riant)* – Ma foi, je n'en sais rien.

(Pour ses récitals de 1981, Arrau a choisi de garder le même programme Beethoven, Schumann, Debussy, Chopin et Liszt qu'il avait joué en 1980-1981. En 1982, à San Francisco, il a étrenné un nouveau programme composé des *Adieux* de Beethoven, l'*Appassionata,* et la *Dante* de Liszt. En 1983-1984 il a repris *L'Isle joyeuse* pour la première fois depuis des décennies.)

AVEC PHILIP LORENZ

Parmi ses anciens élèves, Arrau a conservé un contact privilégié avec Philip Lorenz. Leur relation est telle que Lorenz est une des très rares personnes avec qui Arrau se sente à l'aise pour pratiquer quelque chose comme une conversation à bâtons rompus. Avec les années, ils ont pas mal voyagé et vu de monde ensemble. Quand la maison Peters a commandé à Arrau une édition des sonates de Beethoven, il a proposé à Lorenz d'être son assistant. Le travail a duré de 1969 à 1978.

J.H. – Comment vous y preniez-vous, à deux, pour ce travail d'édition ?

P.L. – Nous avions trouvé un moyen de disposer la musique face à nous sur une petite table, avec quatre éditions, ou cinq, ou six à consulter, plus les feuillets manuscrits que Peters nous avait procurés munis de certaines corrections musicologiques. Ils avaient pris la vieille édition Köhler-Ruthardt en la nettoyant de tout ce qui n'était pas *Urtext*. Nous avons aussi méticuleusement consulté les éditions fac-similé, autant qu'il y en avait de disponibles. J'ai été surpris de la facilité avec laquelle Claudio les déchiffrait, c'est une chose qu'il lisait tout naturellement. Le grand problème, c'était de commencer. Cela n'a pas été sans

C'est juste après cela que je l'ai entendu pour la première fois, un récital Beethoven à Town Hall, à New York. C'est une expérience qui m'a marqué. C'est comme si Beethoven m'était révélé depuis son alpha jusqu'à son oméga, ce voyage des premières sonates aux ultimes. Il avait commencé avec l'opus 2 n° 3, il finissait avec l'opus 111. C'était noble, sublime, exaltant. Ce n'était pas la présentation d'un homme jouant pour son propre succès, c'était un saint au service de la musique. Je suis allé le voir après et lui ai dit une chose qui aujourd'hui encore me paraît vraie, — que c'était le plus beau jour de ma vie. Et sa réaction, — je peux revoir son visage, si plein de bonté, et rayonnant, et remerciant, comme s'il était étonné d'entendre une chose si vraie et simple. Il m'a souri pour me donner le temps de trouver quelque chose à dire. C'était merveilleux. Je n'imaginais pas qu'un jour je travaillerais avec lui à ces dernières sonates. Toutes ces années pas une fois je n'ai été déçu. Son exemple n'a cessé de m'exalter, et cette intégrité merveilleuse de son ambition, toute cette vie pour la musique.

AVEC DANIEL BARENBOIM

Il n'est peut-être pas généralement connu que Daniel Barenboim a passé ses neuf premières années en Amérique du Sud — il est né à Buenos Aires en 1942. Son père, qui a été son premier pédagogue, connaissait Arrau, et l'a fait jouer devant Arrau quand il avait neuf ans. Arrau fut impressionné, et le demeure. À présent que Barenboim a pris la baguette, Arrau a joué avec lui les concertos de Beethoven et Brahms.

Barenboim rend à Arrau son admiration. À l'occasion de son soixante-quinzième anniversaire, voici l'hommage qu'il lui rendait dans le journal *AZ*, de Munich : « Ce qui m'étonne le plus en Arrau, c'est cette synthèse des XIXe et XXe siècles. Il est un des derniers qui nous relient encore à la tradition vivante du XIXe. La généalogie de ses maîtres remonte directement à Franz Liszt. Il détient par là l'héritage des virtuoses de la subjectivité. Mais d'un autre côté Arrau a fait sien le meilleur précepte du piano moderne : la fidélité textuelle absolue, qui met le compositeur au-dessus de tout. Personne ne combine ces éléments comme fait Arrau. En lui deux mondes s'unissent. Je serais heureux d'apprendre de lui un tel idéal. »

Parmi les héros musiciens de Barenboim on trouvera aussi Edwin Fischer, dont il a suivi les classes en 1952, jeune prodige du piano ; et Wilhelm Furtwängler que, comme Arrau, il place au-dessus de tous les autres chefs d'orchestre. À la fois comme chef et comme pianiste, Barenboim ambitionne de retrouver la sonorité ardente et les rubatos amples mais pesés qu'il associe aux noms de Fischer, Furtwängler et Arrau.

Un autre précepte interprétatif que Barenboim épouse dans ce qui suit, c'est la considération de la tension harmonique comme facteur d'organisation à long terme. En cela, il est de l'école de Furtwängler, et du célèbre théoricien Heinrich Schenker, avec lequel Furtwängler eut de longs entretiens. Selon l'analyse de Schenker, des mouvements entiers de sonates et de symphonies apparaissent comme construits selon des progressions linéaires et harmoniques.

J'ai eu une heure d'entretien avec Barenboim dans son hôtel de New York en mars 1981. Son programme était assez visiblement chargé. Le soir précédent il avait donné un récital Beethoven. Le soir même il jouait un programme Liszt. La partition d'une symphonie de Bruckner était ouverte sur une table. Sa parole était intense et nette. Comme c'est le concerto en *ré* mineur de Brahms qu'il avait le plus récemment joué avec Arrau à Paris, c'est tout naturellement sur cette œuvre, et l'interprétation qu'en donne Arrau, que je l'ai aiguillé.

D.B. – Arrau restitue le poids du concerto en *ré* mineur comme presque personne. Et en dépit des fluctuations de tempo le premier mouvement trouve une telle unité, de la façon dont il le joue. Cela fait toute la différence. Si souvent, ce ne sont que pièces et morceaux.

J.H. – Son endurance émotionnelle dans ce genre de musique est extraordinaire.

D.B. – C'est une de ses plus importantes facultés. Quoi qu'il joue, c'est visiblement au bout de tout un travail de réflexion et d'analyse, et de préparations de toute sorte;

pourtant c'est aussi le fait d'une immersion totale et de chaque instant. Au sens psychique comme au sens physique, la musique devient vraiment ses os et son sang. C'est une des plus attachantes qualités qu'il y a en lui.

J.H. – Avez-vous travaillé avec d'autres musiciens qui soient capables de ce degré d'immersion ?

D.B. – Fischer-Dieskau, je pense, est l'exemple évident. Le plus souvent l'intensité de la relation entre musique et musicien varie d'une exécution à l'autre. Très peu la maintiennent au même très haut degré qu'Arrau et Fischer-Dieskau. Que vous aimiez ou pas ce qu'ils font, il y a toujours chez eux un tel engagement, une telle conviction — la performance devient à l'instant même la chose la plus importante de leur existence. Quand Arrau joue le *ré* mineur, je suis sûr qu'il compte à ses yeux bien plus que son propre salut physique ou spirituel, plus que le public, plus que quoi que ce soit au monde. Et c'est ce rapport à la musique qu'il fait partager au public.

J.H. – Quel effet vous fait-il, comme soliste, quand vous dirigez ?

D.B. – Merveilleux. C'est un musicien si absolument complet, et il connaît si bien les parties orchestrales. Il ne joue pas les parties de piano comme quelque chose d'indépendant, d'extérieur, mais il joue dans l'orchestre. Du coup, jouer avec lui devient extrêmement facile. Je dis que c'est facile parce qu'une des forces conductrices chez lui, c'est la tension harmonique. Bien plus que la beauté mélodique d'une phrase ; encore bien plus que la pulsion rythmique. Et c'est la vitesse de la modulation harmonique, le degré de la tension harmonique qui le conduisent à jouer certains ouvrages beaucoup plus lentement que d'autres n'ont l'habitude de faire. Et il a bien raison. Parce que si quelqu'un d'autre prétendait tenir ses tempos sans atteindre son intensité, ce serait un désastre. Autant vaut alors jouer un peu plus vite ! Parce que, quand on joue très lentement, il faut remplir chaque note, chaque espace, il faut ressentir la tension de l'harmonie. Je veux dire, il arrive que l'harmonie ne change pas pendant quatre mesures, et la moindre modification ensuite prendra une importance extrême. Et pour prendre le temps d'exprimer ce changement, il faut y apporter l'intensité requise.

J.H. – Ces remarques vous font-elles penser à Furtwängler et à Schenker ?

D.B. – Oui. C'est tout à fait la même ligne de pensée.

J.H. – Et la technique du piano ? Arrau attache beaucoup d'importance au poids du bras et de l'épaule. Est-ce que cela vous intéresse chez lui, mis à part ses dons d'interprète ?

D.B. – Non. Pas vraiment. Je veux dire, j'admire immensément son talent de pianiste, et la sonorité qu'il obtient au piano, cette sonorité vraiment orchestrale. Je trouve cela si évident quand il joue Liszt, par exemple. Mais sa technique personnelle, ce n'est pas quelque chose que vous pouvez adopter à moitié. C'est tout ou rien. Vous ne pouvez pas prendre les vingt pour cent qui vous conviennent et laisser le reste.

J.H. – Vous avez mentionné la sonorité.

D.B. – Le premier fait dans cette sonorité, je dirais, c'est l'épaisseur. Je le dis bien entendu de façon positive. Et quand il joue des accords, ils sonnent toujours si pleins, chaque accord est équilibré de l'intérieur en sorte que l'on entende tout — pas seulement les notes d'en haut et les notes d'en bas. Une autre chose, et je suppose que c'est en rapport avec sa technique du bras, c'est cette sonorité désincarnée, notamment quand il joue les *Jeux d'eaux à la*

Villa d'Este. Cette giclée de son est si typique de l'écriture de Liszt — ces sonorités de harpe, que tant de prétendus spécialistes de Liszt ne se donnent même pas la peine de rechercher quand ils jouent. Ou du moins je ne l'entends pas. Peu ont su autant qu'Arrau rendre justice à cette obsession chez Liszt, ces sonorités de harpes et ces arpèges. Et tous ses procédés de pianiste sont mis au service de l'expression musicale. Chez Liszt en particulier, quand il joue des accords arpégés, ce n'est jamais à la même vitesse. En d'autres termes, il varie de façon consciente la vitesse des arpèges à des fins d'expression à un moment donné de la phrase. Vous savez, le fait qu'il y a un arpège ne veut pas dire qu'on doive automatiquement faire rmmmmmmm! L'expression le veut parfois — évanescent. Mais quand il y a dessous une intensité harmonique, il peut être nécessaire de jouer l'arpège de façon plus marquée.

J.H. – Vous avez décrit deux sonorités, l'une pleine et orchestrale, l'autre désincarnée.

D.B. – Oui, éthérée.

J.H. – Elles sont très différentes.

D.B. – Mais complémentaires. Si on jouait tout avec ce son épais, consistant, ce serait insupportable.

J.H. – Vous avez eu un jour une discussion avec Arrau à propos de l'*Appassionata* ?

D.B. – Il est venu une fois à New York à un concert où je jouais l'*Appassionata* et ne l'a pas aimée du tout. Mais il était terriblement gentil et constructif. Je suis allé chez lui ensuite, et il ne m'a pas dit tout simplement « C'était affreux », et le reste. Il m'a réellement expliqué pourquoi il le pensait, surtout à cause du tempo du premier mouvement. Et cette tendance naturelle à précipiter dès que cela fait du bruit. Je ne lui reproche pas son dogmatisme, pas du tout. Parce qu'il n'est en rien surimposé. Simplement : il parle comme il est. À l'extrême rigueur on pourrait lui reprocher d'être un tout petit peu pédant. Mais il y a une telle conviction derrière ! Et même s'il vous semble dogmatique ou pédant, il vous stimule de façon si nourricière.

J.H. – Quand avez-vous fait sa connaissance ?

D.B. – J'ai joué pour lui quand j'avais neuf ans. Il était très gentil, très plein de compliments. Toute mon enfance et toute mon adolescence, il a été pour moi une source de grande force, parce qu'il a toujours cru en moi. À des moments de ma carrière qui ont été moins faciles, je sentais qu'il me soutenait. Cela m'a donné force et confiance.

J.H. – Diriez-vous quelque chose de l'homme ? En quoi diffère-t-il d'autres musiciens de même rang ?

D.B. – Le plus important, me semble-t-il, c'est la diversité de ses intérêts. Il peut vraiment passer des heures à parler d'autre chose que de musique. C'est malheureusement l'exception plutôt que la règle. Et je suis sûr que son jeu doit un peu de sa variété et de son caractère à cette diversité : l'opéra, le théâtre, la philosophie, la littérature, l'art étrusque, l'art précolombien... Il se nourrit de tout cela, comme il se nourrit de la musique qu'il lit. Je l'admire beaucoup pour cela.

J.H. – De quoi avez-vous discuté des heures, à part la musique ?

D.B. – Politique, les mérites et la nécessité de la démocratie. Histoire et mystique. En Israël, il y a des années, nous avons longuement parlé de la mystique juive au Moyen Âge. Il y a quelque chose qui le fascine. D'un côté, il est très